DUAL TRANSFORMATION

How to Reposition Today's Business While Creating the Future

双重转型

如何重新定位核心业务并实现颠覆性创新

［美］斯科特·D. 安东尼　　克拉克·G. 吉尔伯特　　马克·W. 约翰逊◎著
（Scott D. Anthony）　　（Clark G. Gilbert）（Mark W. Johnson）

慕 兰　啸 程◎译

人民邮电出版社

北京

图书在版编目（CIP）数据

双重转型：如何重新定位核心业务并实现颠覆性创新 ／（美）斯科特·D. 安东尼（Scott D. Anthony），（美）克拉克·G. 吉尔伯特（Clark G. Gilbert），（美）马克·W. 约翰逊（Mark W. Johnson）著；慕兰，啸程译. -- 北京：人民邮电出版社，2021.9
    ISBN 978-7-115-55710-0

    Ⅰ．①双… Ⅱ．①斯… ②克… ③马… ④慕… ⑤啸… Ⅲ．①互联网络－关系－企业发展－研究 Ⅳ．①F272.1-39

中国版本图书馆CIP数据核字（2021）第096812号

版 权 声 明

◆ 著　　[美] 斯科特·D. 安东尼（Scott D. Anthony）
　　　　[美] 克拉克·G. 吉尔伯特（Clark G. Gilbert）
　　　　[美] 马克·W. 约翰逊（Mark W. Johnson）
　译　　　慕 兰 啸 程
　责任编辑　王振杰
　责任印制　周昇亮
◆ 人民邮电出版社出版发行　　北京市丰台区成寿寺路 11 号
　邮编 100164　电子邮件 315@ptpress.com.cn
　网址 https://www.ptpress.com.cn
　涿州市京南印刷厂印刷
◆ 开本：720×960　1/16
　印张：15.25　　　　　　　　　2021 年 9 月第 1 版
　字数：240 千字　　　　　　　2021 年 9 月河北第 1 次印刷
　　著作权合同登记号　图字：01-2020-4640 号

定　价：69.80 元

读者服务热线：（010）81055522　印装质量热线：（010）81055316
反盗版热线：（010）81055315
广告经营许可证：京东市监广登字 20170147 号

创新增长是一种习惯

斯科特·D.安东尼是创新增长领域知名的研究者与实践者，我一直很关注他的研究成果与作品。有一天，人民邮电出版社智元微库的编辑老师告诉我，他们正在引进其新作《双重转型》，希望我帮忙引荐给国内的读者。我欣然接受，原因有三：其一，安东尼写得好，逻辑清晰、模型简洁、案例生动；其二，我一直从事创新增长、数字化转型的相关工作，发现国内这方面的优秀作品不多；其三，安东尼给出的双重转型模型△＝转型A+转型B+能力环，尤其是其对能力环与创新增长方向问题的探索，与我的新书不谋而合。

成功的公司因抓住了"势"而短暂腾飞；而伟大的公司能穿越周期，实现持续性增长。企业竞争力长久不衰的核心因素不是一家公司的禀赋，而是其能力，尤其是创新能力。安东尼对这个问题给出的解决思路是：重塑现有业务，为未来业务布局，不受限于传统企业能力拼图，持续刷新组织能力。很多企业会因一款产品的"死亡"而"死亡"，或者因一个业务的终结而丧失活力，而基业长青的企业却能持续满足顾客需求，这需要具备穿越周期的创新能力。这样可以获得两项竞争优势：第一，持续为顾客创造价值；第二，比竞争对手更好、更快、更优地创造价值。

双重转型　如何重新定位核心业务并实现颠覆性创新

《双重转型》的第一部分阐述了双重转型框架。双重转型中的转型 A 需要重塑现有业务，转型 B 要布局新业务。转型中的企业往往面临这样的问题：新老业务往哪去？什么样的选择是正确的？持续的转型 A+ 转型 B 逼着企业定义自己从事的是什么行业，只有这样进行双重转型，或者说多次转型，才不会偏离初心赛道。双重转型中的能力环，背后的底层假设就是企业要不断地更新其核心能力，以保持与满足用户需求所匹配的能力。新时代的顾客需求，就是能力进化的指挥棒。企业经营者需要在原有能力拼图的基础上，更好地重新组合或再次塑造新能力。

我们要时刻铭记：本没有所谓的行业，有的只是源源不断的社会需求与用户需求。企业的创新能力越能解决接近底层需求的问题，企业就越具有生命力！用户需求的量级，就是行业的市场规模！双重转型是要将产品与服务所解决的需求做相关的延伸拓展，不只有今天，还要未来！

《双重转型》的第二部分主要探讨如何领导实现双重转型。对于如何领导双重转型，安东尼从选择的勇气、早期微弱信号、探索的好奇心、推动转型的信念与手段等角度娓娓道来，激发了我更多的思考。

创新是灵活运用新科技或新观念创造出新价值和新市场，从而为社会进步做出贡献。只有发现一个社会需求的趋势，整合创新以实现它，才能拥有改变游戏规则的机会点。社会有变化的势，企业家通过整合力量以实现这种变化，这是创新的大势。

积极布局组织的第二曲线和第三曲线，如果在高点时不布下闲棋冷子，等到走投无路时再去创新、转型，就会压力暴增。而谷歌在搜索引擎广告如日中天之时，就积极在人工智能、无人驾驶、量子计算等领域布下重兵，那还真不是闲棋冷子，而是走一步看三步的未雨绸缪。

转型最难的是调适组织的心智模式。组织和人一样，都有自己的心智模式。

心智模式是将原本复杂的世界加以简化，使其更易于理解。当面对不连续的情况发生时，心智模式的应用和惯性就会产生摩擦力，阻碍转型与变革。当餐饮行业还在追求口味的时候，有的企业却认为美学设计感才是竞争之道；当传统汽车制造业还在追求碰撞安全性测试时，新造车势力则从外形设计、社群粉丝服务、大屏幕智能化下手；当家电零售店还在追求价格优势、致力于促销活动时，新零售却从烹饪、社群互动体验、知识传播下手。选择什么样的心智，最终塑造了你，也有可能伤害了你。

变化带来不确定性，人可能会在不知不觉间被习惯性内卷或被焦虑裹挟，因而忘记了事物的本质、忘记了看大势与底层规律。如何能够做到眼神坚定，内心从容？我们需要站在未来看当下，许多内卷、裹挟的行为要不要参与，选择是显而易见的，你会平添一份淡定和从容。

在这个时代，眼神坚定、内心从容的人，在人海之中特别稀缺和宝贵。拥有双重转型（迭代现有能力，布局未来；刷新动态能力）习惯的，未来也会走得更远，能够更加心平气和、更加从容地应对时代的变化。

唐兴通

硅谷创新教练，数字化转型顾问

双翼破与立，转型天地宽

"出租车公司优步没有车辆，Facebook没有创造任何内容，阿里巴巴没有库存，爱彼迎没有房地产。有趣的事情正在发生。"

随着颠覆性技术、颠覆性商业模式、颠覆性闯入者的不断涌现，我们步入了一个颠覆性变化频发的时代，更多"有趣的"事情仍将发生，并持续改变商业世界的竞争规则与面貌。颠覆的本质在于"破坏"，破坏之风肆虐，不断吹向各行各业，不但很多中小组织被裹挟其中，就连不少百年老店、行业领跑者也被无情掀翻。

但与此同时，仍然有一些组织与时俱进、闪展腾挪、转型重塑、超越自我、化风险为机遇，在变革中焕发出顽强的生命力。

戴维·帕卡德（David Packard）——美国硅谷响当当的元老级人物、世界500强惠普公司的创始人之一，因确立了著名的"惠普之道"而备受赞誉。他在去世的前一年，给惠普的管理者上了"最后一课"。在课上，他出乎意料地朗诵了一首关于"单马马车"的诗，描述了一辆被精心打造、能用百年之久的单马马车，在其百年纪念日上，马车骤然崩塌了。帕卡德以此告诫惠普的后代管理者要避免使公司陷入"结构精良的单马马车"的命运，即虽然架构完美但却不具有演化性，提示他们必须持续变革，以求得长久的生存与持续的发展。我们今天看到的 80 年屹立不倒的硅谷巨人惠普，曾经历过七次重大的转型。

成立 36 年的中国海尔集团，已经跻身全球领先的美好生活解决方案服务商。在其 30 多年的发展进程中，经历了不断破坏、创新、重构的过程。海尔掌门人张瑞敏指出："只要你创新，所有竖在你面前的墙都可以通过去。如果不能创新，即使有门在你面前，你也过不去。"

卓越的公司善于进化，伟大的领导者主动求变。正如彼得·德鲁克（Peter Drucker）所说："企业家总是寻找变化，对它做出反应，并将它视为一种机遇加以利用。"

实际上，颠覆就是一家公司有史以来最大的增长机遇，因为颠覆使复杂的变简单，使昂贵的变实惠。在破坏旧有格局的同时，颠覆也始终能扩大市场，为企业带来新的增长——摧毁今天业务的破坏性力量同时也为企业打造明天的业务创造了条件。

企业家、领导者、变革的推动者，应当如何采取主动，利用原有优势，变颠覆为机遇呢？答案就是转型创新。

《双重转型》一书为组织转型创新提供了经过实践检验的完整方法论，开创性地提出了双重转型的"蝴蝶模型"，给出了转型工作的具体指导及实用工具箱，清晰有力地解答了领导者最关注的几个关键问题。

1. 成功的大企业为什么会遭遇失败？

2. 如何识别颠覆性预警信号？

3. 双重转型"是什么""做什么"以及"怎么做"？

4. 成功转型有哪些关键？

5. 转型过程中有哪些弯路？

6. 领导者如何协调各方，驱动转型之旅？

7. 领导者如何为应对变化做好充足的准备？

　　本书提供了大量丰富、翔实的案例解析。作为"颠覆式创新"之父克莱顿·克里斯坦森（Clayton M. Christensen）生前的工作伙伴，三位作者都是实战派战略顾问，书中详述了他们亲自参与咨询、负责领导或带领研究的全球战略转型最成功的十几个案例，包括施乐、亚马逊、奥多比、奈飞、安泰、德塞雷特、特纳广播、新加坡电信、新加坡邮政、马来西亚水务、亚利桑那州立大学、杨百翰大学爱达荷分校、南新罕布什尔大学等组织的转型实例，涉及互联网、高科技、媒体、医疗、高等教育、电信、邮政、水务等诸多行业，为读者带来开阔的跨行业视角以及值得借鉴的转型实践经验。

　　所谓双重转型，是指面对市场动荡，驱动转型的领导者需要重新定位其核心业务（转型 A），还必须并行创建强大的、具备颠覆性的新增长业务（转型 B），后者并非完全独立于核心业务，但需要通过精心管理的能力环（能力环 C）进行衔接，以利用足够的核心能力获得相对竞争优势，但又不至于因借用太多核心能力而限制了公司创造新事物的能力。

　　双重转型可谓边破边立，其中，转型 A 是破旧，直面创新者的窘境；转型 B 是立新，抓住创新的机遇；两者通过能力环结合起来，恰似蝴蝶展开双翼，通过自身的转型蜕变，迎来广阔的新天地。

　　在双重转型的过程中，领导者面临着最艰巨的挑战，为应对变化做好充足准备的最佳时机，恰恰就是在感觉自己的组织在竞争中名列前茅的时刻。领导者需要保持足够的清醒，在支持变革的数据清晰之前就果断行动，敢于放手过去的成功，大胆进入新市场，清晰聚焦于最大的潜在机会，面对不确定性时抱着探索的好奇心，面临可预见的危机时抱紧坚定的信念。

领导者还需要成为平衡的高手，一手重塑当下的核心业务（防御），一手新创未来的增长引擎（进攻）。在改进今天和创造明天之间平衡创新的努力，平衡新旧业务各自独立的团队，还要平衡不同利益相关方的力量。书中特别分享了不同行业亲历转型之旅的领导者的真知灼见与心路历程，值得我们细细体悟。

未来学家艾伦·凯（Alan Kay）说过："预测未来最好的方式就是去创造它。"成功执行双重转型的公司不会被颠覆，它们化茧成蝶，重新塑造自己，从而创造光明的未来。

衷心希望这本书能为广大领导者和读者带来极大的鼓舞及有价值的借鉴。由于时间仓促，翻译水平有限，如有疏漏，敬请广大读者批评指正。

慕兰

2021 年 6 月

目录

CONTENTS

引子
颠覆冲击波与双重转型

时间回到 1975 年。

波士顿红袜队在世界职业棒球大赛中再次黯然失利，比吉斯乐队的《花言巧语》和土风火乐队的《耀眼之星》荣登全球乐坛排行榜榜首，"迪斯科时代"自此开启。

纽约州罗彻斯特市年轻的工程师史蒂夫·萨森（Steve Sasson）开创了一项颠覆性技术，使消费者能够拍摄我们现在所说的"数码照片"。尽管新设备有烤面包机那么大，而且拍摄一张照片需要花上 20 多秒，但颠覆的种子却自此埋下。当时的萨森并非某个初创小公司的员工，而是在为大名鼎鼎的柯达公司（Eastman Kodak）效力。柯达公司当时雄霸卤化银化学胶卷市场，占据其 80% 的市场份额，并且拥有高达 70% 的毛利率。而后来，它又有了一个创新构想——无须胶卷的照相机。

你也许知道后来的故事。柯达投入巨资研发这项新技术，并在 1990 年推出了第一台数码相机。到 2000 年的时候，柯达一举成为领先的数码影像生产商之一，在 2001 年又做出了收购图片分享网站 Ofoto 的惊人之举。秉承其历史悠久的口号"分享回忆，分享生活"，柯达将 Ofoto 转型重塑为"柯达时光"（Kodak

Moments），成为"社交网络"这一新事物的领跑者，使人们能够在这个网站上轻松分享照片、更新个人信息，并链接各种新闻与信息。2010年，来自谷歌（Google）的年轻工程师凯文·斯特罗姆（Kevin Systrom）加盟柯达，将公司网站推向了新高度。2015年的"柯达时光"已拥有数亿用户，柯达公司虽然仍向一些小众市场出售胶卷（并因此赚取了可观的利润），但公司的重心已明显向社交网络转移，公司对转型问题处理得恰到好处，在潜在的颠覆冲击下华丽转身，变成一个不同以往但充满活力的组织。

可惜，这些并没有发生。

柯达确实在数码摄像方面进行了投资，也确实购买了Ofoto，但它并没有致力于将其转变为充满活力的社交网络，而是仍旧专注于吸引更多的用户使用冲印胶卷。2011年，柯达被迫卖掉其业务。柯达也确实曾经大力投入数码技术，萨森在2008年曾说过，管理层对他发明的新技术是这样回应的："干得漂亮！请对此严格保密。"当然，萨森的话也未必准确。不过，看来柯达并没能从根本上改变其商业模式，随着卤化银胶卷必然地退出历史舞台，柯达也难逃此劫。2012年，公司依法申请了破产保护。

百年老店，一夕崩塌。作为美国的代表性企业，柯达公司要人有人，要钱有钱，甚至也有转型的远见，但最终还是做了颠覆冲击的牺牲品。

媒体转型之年

1994年6月17日，美国观众在电视机前聚精会神地观看O. J. 辛普森（O. J. Simpson）开着一辆白色的福特布朗科车被警察追捕。辛普森曾是一位魅力非凡的退役橄榄球运动员，曾经在电影和电视广告中频频露面，后被指控残忍杀害前妻和她的一位朋友。暴力与名流的双料组合使之成为电视观众追逐的热点。这是电视新闻节目制作公司，尤其是特纳广播公司（Turner Broadcasting System）的有线电视新闻网 CNN 首次打破新闻报道的传统而开始了极具猎奇性的无缝密集播报。这一转变对整个传媒行业来说可谓一个开创性的时刻，其影响之深至今仍在显现。

同年，又发生了更具影响力的事件，马克·安德森（Marc Andreessen）和他的团队推出了网景（Netscape）浏览器的测试版。20 世纪 60 年代后期以来，美国的学术界和军界一直在测试使用计算机连接的分布式网络连接进行交流与协作。网景浏览器，加上蒂姆·伯纳斯-李（Tim Berners-Lee）发明的超文本标记语言（HTML）统一资源定位器（URL，现称"互联网网页地址"）以及一系列辅助的创新技术，这一切使得连外行人都可以搭上所谓的"信息高速公路"。这是激活互联网的新技术，其颠覆性影响重塑了媒体业务。最早感受到这种影响的是报纸行业。在过去，印刷机的规模经济造成巨大的市场进入壁垒，导致许多市场实际存在着天然的垄断，美国大多数城市只有一两家高盈利的报纸。而商业互联网的兴起将极大地冲击这项业务。当时预测，到 2000 年，大多数报业公司将被淘汰。

然而事实并非如此。在 2000 年至 2002 年美国经济衰退期间，报业公司固然尝到一些苦涩，但实际上对于大多数报纸来说，1994 年到 2007 年的日子还是蛮不错的——尽管互联网正在赚取大众的眼球，但是报纸的发行量仍相对稳定，广告收入持续增长。尽管分类广告杀手［如克雷格分类广告网站（Craigslist）提供免费的公寓、工作职位及其他信息］和易趣（eBay）购物网站的崛起令人担心，但当我们两个人［本书合著者克拉克·吉尔伯特（Clark Gilbert）和斯科特·安东尼（Scott Anthony）］2005 年 1 月在迈阿密举行的美国报业协会会议上发表演讲时，与会者的主流心态仍然是"报纸业已经顶住了互联网的打压，而且还将在未来屹立不倒"。

正如传奇投资人沃伦·巴菲特（Warren Buffett）喜欢说的那样："当潮水退去，你会看到谁在裸泳。"其后，美国经济于 2007 年至 2009 年再度衰退，暴露了报纸业危如累卵的颓势。从 1950 年到 2005 年，整个行业的广告收入从大约 200 亿美元增长到 600 亿美元；而到 2010 年，市场规模已缩至 200 亿美元。换言之，过去 55 年时间累积的广告收入增长值在屈指可数的短短几年内就消蚀殆尽。业内公司陆续破产，员工纷纷失业，仅存的几家公司仍在艰难地寻找公司持续发展之路。

手机变革之年

2007 年，波士顿红袜队奇迹般地赢得了 4 年来第二次世界大赛的冠军，而此前的两次夺冠时隔长达 86 年之久。迪士尼皮克斯动画工作室发行了电影《美食总动员》，全球票房超过 6 亿美元，好评如潮，力证了迪士尼为何在 2006 年以超过 70 亿美元的价格向史蒂夫·乔布斯（Steve Jobs）收购皮克斯，将约翰·拉塞特（John Lasseter）、埃德·卡特穆（Ed Catmull）、胡迪（Woody）、巴斯（Buzz）、尼莫（Nemo）、"小台灯"商标等皮克斯团队的资源纳入麾下。

手机行业当时有两大巨头。在与摩托罗拉（Motorola）及其他公司的激烈争夺中，诺基亚（Nokia）脱颖而出，成为手机市场当之无愧的领导者，其市场份额是位居其次的竞争对手的 3 倍之多。同年 11 月，《福布斯》杂志刊登了一则封面报道："十亿用户：手机之王，谁与争锋？"

挑战者是有的，不过并非一夜之间出现。如果你是诺基亚的投资者，2007 年对你来说真是好年景。那一年，标准普尔指数上涨了 5%，而诺基亚的股票飙升了 155%，风头胜过另一家以创新能力见长的行业竞争者——因生产黑莓手机而知名的加拿大的技术宠儿 RIM 公司。RIM 公司的股票在 2007 年几乎翻了一番，联合首席执行官吉姆·贝尔斯利（Jim Balsillie）在 2008 年 4 月接受加拿大广播公司（CBC）采访时说了一番颇有先见之明的话："我从不好高骛远，也不妄自菲薄，最大的乐趣就是做每天在做的事情，我是那种除了每天的工作以外什么也不做的典型。我们的产品不够多样化，我们要么成功，要么失败。"

结果，诺基亚与 RIM 公司双双陨落。

在 2007 年 1 月乔布斯公开宣布之后，苹果（Apple）公司在当年 6 月推出了苹果手机 iPhone。这款手机一经发布，便受到媒体的狂热追捧，并很快开始在社会名流手中出现。11 月，谷歌公司联合一些手机制造商成立了基于谷歌安卓操作系统的"开放手机联盟"。安卓的起源可追溯至谷歌在 2005 年斥资 5000 万美元收购的一家初创公司，这家公司不仅有热门技术，还有无线领域的大才子安迪·鲁宾（Andy Rubin）。谷歌此举意在让用户通过手机实现更轻松的上网体验，从而扩展其核心的广告业务。

2013 年，诺基亚将其手机业务以超过 70 亿美元的价格卖给了微软。18 个月后，微软公司的账面减记了大约 70 亿美元。RIM 公司更名为黑莓公司，从 2008 年贝尔斯利接受访谈到 2015 年，其股价跌幅接近 95%。

柯达公司被数码技术颠覆性冲击后，历时近 40 年才完全退出市场；报纸在互联网的冲击下还存活了十几年；而诺基亚和 RIM 从数十年艰苦打造的伟业到彻底分崩离析，只用了短短 5 年。

创新者的时钟就这样加速了。

在 HBO 的"剑与魔"系列影片《权力的游戏》以及乔治·雷蒙德·理查德·马丁（George Raymonnd Richard Martin）的书中，坚毅的史塔克家族有句名言："凛冬将至。"然而，来到你们董事会会议室的不是冬天，而是颠覆，"颠覆来了"，而且它来势汹汹，速度和力度都史无前例。

颠覆之轮回

颠覆性变化冲击了市场，让过去复杂的事情变得简单、昂贵的东西变得实惠。笨拙的行业巨人行动迟缓，被自身的重负压垮；青春朝气的新锐企业家大胆启用新技术，创造新的商业模式，乃至新的组织形式，打破了以往受限的市场，为数百万乃至数十亿消费者带来了新的解决方案。之后，锐意进取的后起之秀又变成了笨拙的巨人，注定被后浪创业家无情碾压。用蒙太奇的手法想象一下，听着艾尔顿·约翰（Elton John）的《狮子王》片头曲《生生不息》，再来上一包爆米花，慢慢体味"滚滚长江东逝水，浪花淘尽英雄"。

当然，如果你是面临这些挑战的某家公司的高级管理人员，那就没这么轻松愉快了。事实上，当今领导者面临的最大挑战正是来自这种激流般的冲击。白手起家创建新业务固然很难，而现有业务的管理者则面临着双重的挑战：一方面要招架现有业务不断遭受的冲击，同时还要创建新的增长业务，而现有业务是为企业提供至关重要的现金流以及为未来新的增长业务提供投资的根基力量。颠覆性变化的步伐加快意味着供领导者做出回应的宝贵时间少之又少。实际上，领导者为应对变化做出充分准备的最佳时机，恰恰就在他们感觉在比赛中名列前茅的那一刻。

借用人口生态学领域"适应度景观"概念的拓扑图可以形象地描述这种颠覆性变化的挑战，图中山丘的高度表示总体吸引力。观察图 0-1 中的地形图，你可以想象为最高山峰上的方块代表你经营的公司，现在你已经取得成功，竞争对手（以圆圈表示）对你望尘莫及，你是山之主峰，你站在制高点向下俯瞰，清晰可见一个正试图扎根的颠覆者（以星号表示），不过对方看起来如此渺小，简直是微不足道。

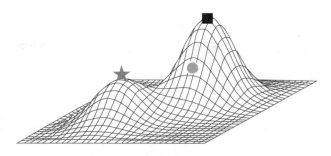

图 0-1　颠覆前的行业地形图

想想你现在有哪些战略选择。实际上，你正处于所谓的"局部最大值"上，任何策略看起来都不如你目前所遵循的策略，简言之，除了下行，你无路可走。

这种表现很容易使那些处在山顶位置的领导者麻痹大意。不幸的是，竞争格局并非一成不变。实际上，颠覆性挑战将重塑战略地形图。说不定哪天你一觉醒来，地形图已经变成了图 0-2 中的样子。现在，想想你有哪些选择。颠覆者（仍以星号表示）太过强大，无法正面交战，因此，你最好的机会就是在它的山头下建一个立足点（以圆圈表示）。但是，这种策略或者其他任何策略，都不比你目前的做法更好。代表你公司的方块仍然位于山顶，尽管这个山丘要小得多。于是你再一次面临除了走下坡路别无选择的局面。

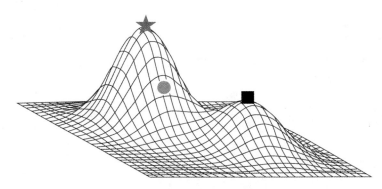

图 0-2　颠覆后的行业地形图

单单做出关于改变战略的决定就已经相当棘手，而任何经历过组织重组或者重塑的领导者都会告诉你——做出变革的决定固然棘手，但其难度远比实际进行变革要容易得多。

人们常常用"创造性破坏"这一术语来描述柯达、报纸公司和诺基亚公司所遭遇的状况，该术语来自经济学家约瑟夫·熊彼特（Joseph Schumpeter）那部里程碑式的著作《资本主义、社会主义与民主》。在这部著作中，他生动地描述了"创造性破坏之风"是如何摧毁原有体系的。熊彼特描述了这场风暴的破坏力，以及企业家们被激发出来的创新创造力。他指出："通常看来比较直观的问题是资本主义如何管理现有的结构，而更中肯的问题，应当是资本主义如何创造并摧毁这些结构。"

新"山头"的出现为其创造者带来了巨大的增长。然而，在庆祝这些振奋人心的成果的同时，我们不妨停下来思考一个问题——当变革涉及新公司的崛起和旧公司的消亡时所造成的损失，涉及成千上万乃至数万份工作被取代，涉及围绕企业成长起来的社区变得四分五裂，涉及成千上万年积累起来的知识技能遗失殆尽，如此看来，这种"创造性破坏"会让我们付出沉重的代价。

换个视角，如果领导者能够驾驭这些变革背后的潜在力量，为公司的新一波增长打造新的引擎，结果会怎样？更具体地说，如果一家公司能够早早意识到破坏之风的来临，并筑起一道"墙"来保护自己的核心业务，会是什么样？抑或更好的是，如果公司打造一个风力涡轮机来充分利用"风"的能量，又会是什么样呢？

本书要教给你的，正是如何做到这一切。

双重转型与颠覆带来的机遇

面对这种颠覆性变革的挑战，有些企业曾经奋发图强，并成功转型。例如，IBM 公司在 20 世纪 90 年代将公司的发展重心从产品转向服务领域，苹果公司在乔布斯第二次担任 CEO 期间将战略方向从台式电脑转向移动设备及娱乐领域。还有一些公司经历了跨行业的戏剧性转变，比如诺基亚从橡胶靴生意转向手机行业，或者万豪（Marriott）从汽水摊转向酒店行业。

在本书中，我们有时会借鉴这些商业经典案例，但更主要的是关注那些新近发生的鲜活案例，其中有许多是我们作为管理顾问或领导者亲身经历过的。得益于这些经历，我们将在本书中首次详尽地展现战略转型的全景以及身在其中的感受。它会像一台虚拟的运动摄像机，记录企业领导者们是如何应对商业中最艰巨的挑战的。

本书的基础案例研究来自合著者之一克拉克·吉尔伯特在犹他媒体公司（Deseret Media）[①]领导变革的第一手经验。《犹他新闻报》是美国历史上最悠久的持续发行的报纸之一，其发展历程可追溯到 1850 年，基于当时业内所谓的"联合运营协议"，《犹他新闻报》在犹他州与《盐湖论坛报》合作，二者共享报社设施和印刷机，但各自拥有独立的记者团队及品牌定位。作为市场上第二大报纸提供商，犹他媒体公司遭受互联网的破坏性冲击尤为严重。在 2008 年至 2010 年期间，《犹他新闻报》损失了近 30% 的平面广告收入及 70% 的印刷分类广告收入。

吉尔伯特在哈佛大学做的博士研究是关于报业的，曾为报业提供咨询。后来担任杨百翰大学爱达荷分校（BYU-Idaho）在线学习负责人。2009 年，他受邀负责组建犹他数字媒体公司（Deseret Digital Media），这个新组织合并了犹他媒体

---

① Deseret，是美国犹他州的别名。犹他媒体公司拥有报纸（犹他新闻报）、广播电视台（KSL）和数字媒体（犹他数字媒体公司）3 部分，其中犹他数字媒体公司为双重转型 B 的产物。——编者注

公司的一揽子网站。2010 年 5 月，吉尔伯特受命兼任犹他新闻报社长这一新设职位，由此将传统业务和新兴数字增长业务的控制权集于一身。业内人士普遍对此任命冷嘲热讽，因为吉尔伯特毕竟只是一名学者，这下他可是要领教现实世界的厉害了。

　　然而，5 年后，犹他媒体公司的印刷出版业务发展得风生水起，其中一份全国性周刊还成为美国发展最快的出版物之一。其数字市场业务也取得了迅猛增长，围绕其旗下的 KSL 广播电视台分类广告产品开发的一系列数字市场业务带来的收入占了该组织总净收入的 50% 以上。数字业务与传统核心业务共享品牌、内容和其他资源，但在很大程度上又独立运作。犹他媒体公司在重振其传统核心业务的同时，还率先在媒体领域开辟了一座新的"山头"。截至 2015 年吉尔伯特离开犹他媒体公司就任杨百翰大学爱达荷分校校长之时，犹他媒体公司在整个行业急速下滑的大背景之下，净收入比 2010 年增长将近 25%。为了保护公司的机密，图 0–3 隐去了具体信息，但仍可看出犹他媒体公司的成功之道：一手抓重塑并稳定原有核心业务，一手抓快速发展新增长业务。

　　按照吉尔伯特的说法，犹他媒体公司的成功并非源于对媒体商业模式或新收入来源的精明洞见，而在于组织公司适应了两种截然不同的变革。吉尔伯特没有将变革工作看作一个整体的转型，而是组织公司在两个方向的变革中同时发力：一是重新定位核心的报纸业务，二是开启数字市场的新增长业务。（尽管吉尔伯特是本书的作者之一，但我们偶尔会引用他的原话以强调关键信息。）

　　对于这样的变革，我们称之为"双重转型"。我们所说的"转型"不同于词典中常见的含义。人们通常把"转型"当作重大变化的代名词，无论是公司大规模裁员，还是好莱坞演员为饰演某个角色成功减肥，都算转型。当人们使用这个词时，其含义类似于作家比尔·西蒙斯（Bill Simmons）所说的职业篮球赛中的"一跃"：譬如斯蒂芬·库里（Stephen Curry）等球员从一个好球员一跃成为超级明星，而他的团队"金州勇士"转型一跃成为"夺冠主力军"，这些属于从平凡到优秀，或者从优秀到卓越的转变，并非本书所探讨的"转型"。

本书所说的"转型"，特指业务在形式上或实质上发生了根本性的变化。旧的一部分仍然存在，但显现出来的是在实质上明显不同的东西，就像液体变成了气体、毛毛虫变成了蝴蝶。

我们之所以称之为"双重转型"，因为它需要的不只是一种转型，而是两种转型。为了应对颠覆性冲击，高管们在带领一路独立纵队挺进新"山头"的同时，还要重新定位其传统的核心组织。

我们再看一下图 0–3，试想一下吉尔伯特和他带领的犹他媒体管理团队所面临的领导力挑战。2010 年，公司新业务的规模还相对较小，而资料又表明旧业务的革新困难重重，如何说服外部优秀人才来为一个小小的日渐式微的老企业效力？2012 年，传统的核心产品呈现了几近自由落体般的下滑，与核心业务相关

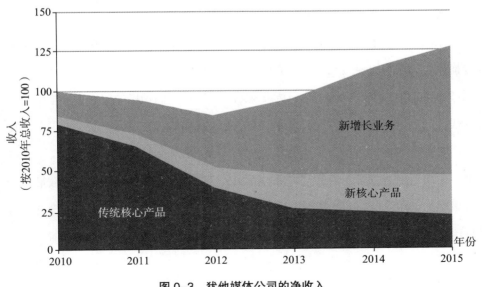

图 0–3　犹他媒体公司的净收入

的新产品开始增长，但是，如何让顶尖人才相信急剧衰落的业务能够存活下去？

还有，虽然 2012 年犹他媒体公司新业务的增长已经开始活跃起来，但当时吉尔伯特任职已经三年，而整体状况并未出现转机。在看似山重水复的时刻，如何说服董事会成员和其他主要利益相关者相信前面就是柳暗花明？在整个过程中，报纸业务和数字业务一直处于相互争夺注意力和资源的冲突之中。作为领导者，应当在哪些时机出手大力支持哪类业务？以及到后来当组织已发生明显变化，新业务已经成为公司收入的主要来源时，又如何在尊重过去的同时宣传你们的新身份？

应对颠覆性挑战所需的生存变革是领导者面临的最艰巨的挑战，这需要对组织进行深入观察，有时还要重新审视它。减少对旧业务核心产品的投入是个艰难的抉择。毫无疑问这会涉及削减成本，包括一些非常可观的削减。有时最终可能会大刀阔斧地关闭或剥离大部分老业务。你不得不在数据不充分的情况下决定对未来的市场下一个大赌注，还必须用愿景和讲故事而不是数据让持反对意见的员工、股东、董事会成员和其他利益相关者信服。

但同时，这也是一个领导团队所能碰到的最大机遇，因为那种常常使旧事物分崩离析的颠覆力量又几乎总是会带来净市场的增长。人们是否会因为柯达公司破产而停止拍照呢？当然不会。更准确地说，现在人们拍摄的照片数量至少是上一代人的十倍，因为数码摄影既简单又实惠（我们这些在亚洲生活、见过菲律宾人用自拍杆拍照的人认为这个数字会更高）。同样，没有人会因为当地某一家报纸停业而停止消费新闻信息。实际的情况是，被生产和消费的新闻内容数量呈指数级增加；即使报纸的数量减少了，公司也没有停止过做广告。人们也没有因为哪个手机市场领头羊的退出而停止使用手机。

颠覆打开了创造巨大新市场的机会之窗。这是一个让业内无名小卒也能成为市场领导者的时代、一个创造商业传奇的时代。

开启转型之旅，你只需要记住 A、B、C 三点。

双重转型方程式：A+B+C= Δ

Δ（delta）是希腊字母表中第四个字母的大写形式，是在数学公式中表示变化的符号。我们在这里谈论的变化确实是很大的 Δ。要实现这一变化，需要遵循以下公式：

$$A+B+C= \Delta$$

其中，

A＝ 转型 A。重新定位当前业务，最大程度地提高其适应力。

B＝ 转型 B。打造独立的新增长引擎。

C＝ 能力环。调配资源赢得竞争优势的同时留有余力发展新业务。

这个公式看似简单，但执行起来却充满复杂性。我们在本书中讲的故事都谈不上完美。有时，所谓成功就是你没有比竞争对手的结局更惨。例如，对于巴诺书店（Barnes & Noble）和博德斯书店（Borders）来说，都必须面对的事实是，网络图书零售威胁到传统图书零售模式的生命力。巴诺尝试将其门店重新定位为以咖啡馆为特色的书店，并且在电子阅读上实现新的增长。与之相反，博德斯书店则在更高效运行原有的模式上加倍努力。

巴诺书店苦苦挣扎，核心产品销量下降，其 Nook 阅读器又明显落后于苹果、三星（Samsung）和亚马逊（Amazon）等公司提供的多功能平板电脑。从 2010 年 6 月巴诺书店推出 Nook 阅读器到 2016 年 6 月，标准普尔 500 指数几乎翻了一番，而巴诺书店的股价却下跌了 4%。尽管这听起来并不鼓舞人心，但比起 2011 年破产的博德斯书店要好得多。

我们相信本书讲述的某些企业在转型的路上可能会困难重重，甚至中途抛锚。但是我们也相信，这些公司更有可能因为开启了转型之旅而变得更好。

施乐的双重转型

施乐（Xerox）公司是一家标志性的美国公司，该公司在 2000 年至 2015 年间抵御了颠覆性威胁并完成企业重塑，不仅让转型方程式中的每个字母都大放异彩，而且展现了双重转型所面临的机遇和挑战。

施乐公司成立于 1906 年，当时名为"哈罗依德影印公司"（The Haloid Photographic Company）。公司的现代史部分可追溯到 1946 年，CEO 约瑟夫·C. 威尔逊（Joseph C. Wilson）决定将公司发明的使用带电感光鼓和干粉墨粉打印图像的工艺商品化，并将这种工艺称为"静电复印术"（xerography）。1959 年，公司推出了革命性的普通纸复印机，并于 1961 年将公司更名为施乐公司。到 20 世纪 70 年代，施乐成了美国的代表性企业，其名称成了复印的代名词。

具有传奇色彩的施乐研究试验室开创了许多开启个人电脑时代的技术，包括图形用户界面、鼠标及网络。不幸的是，这些技术的商品化大多是由其他公司（例如 3Com）实现的，最著名的是苹果公司。众所周知，苹果公司联合创始人乔布斯曾在 1979 年访问了 PARC（施乐帕洛阿尔托研究中心）并深受其影响。20 世纪末 21 世纪初，施乐公司开始走下坡路。来自亚洲的低成本竞争对手侵蚀了施乐复印机的利润和份额。互联网及电子通信的兴起引起了人们对纸质复印机和打印机长期潜力的质疑。随着公司股价下跌及收入缩水，分析师开始担心其沉重的债务负担会不会导致公司面临破产。施乐公司的股票从 1995 年到 1999 年曾增长 3 倍，而从 1999 年 6 月到 2000 年 12 月则下跌了 90% 以上。

但是，施乐公司先后在安妮·穆尔卡希（Anne Mulcahy）和乌苏拉·伯恩斯（Ursula Burns）的英明指导下，命运发生了转变。乌苏拉·伯恩斯执行了一项激进的计划，重组施乐公司的传统核心业务，简化产品线并外包非核心功能，这样一来，核心业务的规模明显减小，但现金流为正数且极为稳定。这就是转型 A：重新定位当前业务，以最大程度提高其适应力。第二章将详细介绍转型 A 的成功之道，首先要确定客户遇到的问题是什么，或者公司需要做什么，围绕这个问题重新定位核心业务，然后通过创新的业务模式去达成这个目标，衡量并跟踪反映新模式的新指标，并通过快速执行背水一战。

与此同时，施乐公司开始尝试旨在优化可重复业务流程的新型服务项目，打造了一系列业务线，创造了数亿美元的收入。之后，又在 2009 年斥资 60 多亿美元收购了专门从事业务流程自动化的 ACS 公司（联盟计算机服务有限公司）。这就是转型 B：创造新的增长引擎。转型 A 往往是防御性的，但迫使转型发生的破坏力又为运用不同（但相关）方式解决新（但相关）问题提供了机遇。换言之，摧毁今天业务的破坏性力量又为打造明天的业务创造了条件。

全球化和互联网的兴起削弱了人们对物理解决方案的需求。因此，怎样将公司核心的打印机和复印机业务商品化，是施乐公司面临的主要挑战。同时，这种挑战也为施乐公司创造了新的需求，并使其得以在"XGS"（施乐全球服务）的品牌下组合一系列服务项目。本书第三章将具体介绍成功进行转型 B 需要实施的三项行动：第一，识别可以用破坏性力量打开的曾经受限的市场；第二，迭代开发能在该市场取胜的商业模式；第三，获取或雇用互补的能力战胜新兴对手。

施乐：能力环

现在，我们来看双重转型方程式的 C 部分——能力环。1997 年，创新视点（Innosight）公司联合创始人、哈佛大学商学院教授克莱顿·克里斯坦森（Clayton Christensen）在其新书《创新者的窘境》（*Innovator's Dilemma*）中描述了经营良好的老牌企业如何会在面对颠覆性变化时败下阵来。能使公司摆脱这一窘境的就是能力环，它能够让公司达到一种平衡，即利用足够的能力来获得相对的竞争优势，但又不至于因用力过多而明显限制了公司创造新事物的能力。

施乐公司没有进行无关的多元化。相反，它将 ACS 公司与施乐的品牌、销售力量及研发能力结合起来以加速其增长。例如，施乐公司的研究人员应用了先进的分析软件管理美国东海岸的电子收费系统 E-ZPass；施乐研发部门开发了简单的基于云的工具，使文档服务可供更广泛的客户使用，并且开发了新产品，帮助银行改善抵押贷款批准流程、使律师事务所提高分析能力。这就是能力环，我们将在第四章具体描述要成功创建能力环，领导者需要做的三件事：慎选关键能力；战略性管理核心业务与新业务之间的接口；并在出现纷争时积极出手调停。

施乐：结束与开始

施乐公司竭力重新定位其原有业务，此举不仅使复印机业务得以延续并增强了盈利能力，而且使公司得以投资新兴的"流程外包服务"领域，并最终登上了新的山峰。到 2012 年，施乐公司又重回转型前 210 亿美元的收入高位。最重要的是，其服务业务首次超过了技术业务，为公司带来了大部分收入。施乐已成长为全球第二大养老金及福利管理机构。公司员工总人数发展到近 15 万人；从 2000 年到 2015 年，公司股价增长了 4 倍。

但是，产业变革的力量是残酷的。施乐公司的收入从 2012 年的 210 亿美元下降到 2015 年的 180 亿美元，股价从 2015 年 1 月到 2016 年 1 月下跌了近 50%。迫于激进投资者卡尔·伊坎（Carl Icahn）的施压，2016 年下半年，施乐公司宣布了分拆为两个公司的计划：一个是专注于业务流程外包服务（BPO）的 Conduent 公司，拥有 96 000 名员工及 70 亿美元的收入；另一个专注于复印机和打印机硬件业务，拥有 39 000 名员工及 70 亿美元的收入。这两个分支业务均比十年前更具活力，但毫无疑问，它们将会再次面临各自市场中颠覆性变化的挑战。

　　图 0–4 总结了双重转型的核心方程式，展示了转型 B 如何与转型 A 部分既有交集又有不同，强调了两个转型之间精心管理的能力环。整个模型看起来就像是蝴蝶的涂鸦，也是对双重转型破茧成蝶最形象的隐喻。

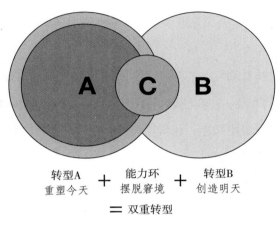

转型A　　　　　能力环　　　　　转型B
重塑今天　　＋　摆脱窘境　　＋　创造明天
＝ 双重转型

图 0–4　双重转型

医疗保健业的双重转型

　　一个来自医疗保健行业的在双重转型进程中的实例，将本书重点关注的策略与领导者重振组织可采用的其他策略进行了鲜明对比。

　　1961 年，医疗巨头强生公司（Johnson & Johnson）收购了由大制药商保罗·杨森（Paul Janssen）创立的比利时的领先药品公司杨森制药公司（Janssen Pharmaceuticals）。此后的 50 年，杨森制药公司成了强生公司迅速发展的坚强柱石。截至 2016 年，其药品销售额贡献了超过 300 亿美元的全球收入，接近这家医疗保健巨头总收入的一半。

　　21 世纪 00 年代后期，当时杨森制药公司显然需要转型。主要药物的专利到期导致销售额下降，而杨森制药公司的开发渠道不够强大，无法弥补由此产生的缺口。由于强生公司的制药部门大体上是通过一系列的收购和重组建立起来的分散的业务组成的，这导致了重复低效的工作。因此，强生公司将不同的经营单位集中到杨森制药公司旗下，并将研发组合从 33 个疾病领域的项目集中到 13 个领域（在接下来的几年里，公司又进一步将其缩小到 11 个领域），从而显著精简了过于复杂的组织。

杨森制药公司全球研发主管威廉·N. 海特（William N. Hait）博士解释说："这一切始于理念的改变……我们最初的理念是在没有总体战略的情况下投注在许多半自治的小型研发组织上，相信这样总会冒出一些催生伟大产品的伟大创意。但问题是，当我们审视每一个具体领域可以投入多少资金与竞争对手竞争时，我们意识到过去的投资资金太过分散了。"

2012 年，杨森制药公司开始改革其核心药物的研制及开发流程，改革的核心任务是"变革性医疗创新"（具有从根本上改善健康状况潜力的新科学技术）。当时，包括辉瑞（Pfizer）和诺华（Novartis）在内的竞争对手都在致力于生产仿制药和生物仿制药（类似于非专利生物衍生药物），整个行业都将新兴市场作为增长动力。而杨森制药公司笃信，只有生命科学知识与技术的巨大进步才会带来重大医疗问题的突破性进展。

为了兑现这一高标准，杨森制药公司采取了双管齐下的策略。公司决定深耕"疾病领域强项"，也就是确定哪些疾病的医疗需求严重未被满足、极有可能取得突破，而且杨森制药公司已经拥有或可能在这方面发展出强大的科学实力。为满足那些等待治疗方案的患者的需求，公司在选定的疾病领域建立了世界一流的专家团队，迅速占领新兴医疗科学的最前沿，并对候选药物的研发提速。

之后，杨森制药公司对研发范式进行了根本性的变革，扩大了"疾病领域强项"。它不再局限专注于内部科学家发明的药物，而是要联合世界各地处于早期研究阶段的外部科学家，使自己成为世界一流的公司。杨森制药公司努力寻求机会成为大学研究人员及早期创业公司的首选合作伙伴，以便及早发现好的药物；与药品发明者展开合作，对具有战略意义的药品，获取授权或者买入，并将其嵌入杨森制药公司的生产及分销体系。为了打入创新生态系统，并进一步靠近有潜力的初创公司，杨森制药公司在全球四个地方设立了研发中心。通过不附带任何条件的生物技术孵化器，提供设备齐全的试验室空间以及强生的专业知识，不断扩大这些研发中心的规模。其孵化的初创企业最终可能会成为独立的企业，也可能被强生公司的竞争对手收购，也可能被强生公司选择收购。

海特评论道："这需要我们转而适应'请进来'的文化。我们必须接受这样一个事实，那就是其他人可能走在我们的前面，或者比我们做得更好，我们应该对此持开放的态度。这种新的文化如今在杨森制药公司已根深蒂固，包括那些原来认为只有强生公司的科研最强的顽固派们也转变了思路。这种转变让杨森制药公司大受裨益，一旦我们确定了要追求的主要目标，就不会在乎药品来自何处，这使我们能够提速前行。"

上述举措大大增加了早期阶段的交易，并增强了杨森制药公司在创新生态圈中的作用与声誉。制药业务一举从落后的状态发展为强生公司的先进部门，从而推动了整个公司的发展。杨森制药公司成了全球主要市场增长最快的大型制药公司，并在 2013 年至 2016 年间连续 4 年成为研发能力的行业领头羊。

杨森制药公司成功开发出了一种针对各种致命性血癌的药物，这一过程可视为杨森制药公司转型的一个缩影。当时，公司"疾病领域强项"的血液恶性肿瘤专家正在寻找一种能抑制 BTK 酶（这种酶与血癌的发展有关）的分子，研究人员在依鲁替尼（ibrutinib）中找到了这种分子，该药物是由生物技术初创公司法莫斯利（Pharmacyclics）开发的。2011 年末，杨森支付了 1.5 亿美元的首付款，获取了依鲁替尼 50% 的销售权，推动了药品的开发过程，并于 2013 年以

Imbruvica 的品牌进入了药品市场。2015 年，艾伯维（AbbVie）公司以 220 亿美元收购了法莫斯利公司，拥有了依鲁替尼另外 50% 的销售权。

2015 年，杨森制药公司宣布了从疾病治疗向疾病预防领域进发的宏伟计划，由此迈出了重要的一步，提出了一个大胆的概念——在疾病显现之前将其"拦截"，即利用日益增加的健康数据来阻止致病进程，包括从遗传学、生物统计学到家族史，以及从健康跟踪设备及日益先进的传感器上获取人们日常行为的信号。我们可以展开想象，这相当于给人类安装了自动出现在汽车仪表盘上的发动机检查灯，提示你某种预防性干预的必要。此外，人们也可以考虑接受针对饮食、生活方式和行为变化的定制建议方案，以及用于处理个人疾病风险的药物或其他干预措施，而不必像现在那样只得到普适性的健康建议。

海特对此解释说：

"没有人愿意被诊断出疾病再得到治疗。如果你不幸患病，你希望能治愈，希望不用再担心。但是，现在我们大部分的时间都用在了开发能够控制疾病症状的药物上。对此现状的颠覆是带来预防诸如多发性骨髓瘤的医疗解决方案。如此一来，我们销售骨髓瘤药物的所有业务都将消失，因为不再有骨髓瘤。如果这就是颠覆的根源，那么这才是患者最受益的地方。让我们看看为了预防、拦截或治愈疾病我们必须要做哪些事情，而不是等到人们患病之后再去治疗。"

为了加快该领域最有前景的研究，杨森制药公司成立了一个创新组织——DIA（疾病拦截加速器）。DIA 的其中一项业务聚焦于拦截 1 型糖尿病（T1D），该疾病常见于幼童并导致其终生依赖胰岛素。原来，T1D 不是当儿童突然患上糖尿病酮症酸中毒必须住院时才开始的，相反，它是自身免疫系统暗中长时间多次被攻击造成的。杨森制药公司的科学家及其合作伙伴将针对这些疾病的早期无症状阶段进行诊断和干预。研究人员的目的是保护自然产生胰岛素的胰岛 β 细胞，抢在它们被杀死并需要进行人工补充之前加以保护。2016 年，杨森制药公司首次采用该策略的药物对早期糖尿病儿童进行了临床试验。

杨森制药公司深知，成功需要重大的商业模式创新。疾病防治解决方案很可能包括诊断、消费品以及其他超越传统药物的干预措施。而且在多数情况下，并不能单靠某一种产品就能确保拦截成功，而是需要整合各种产品和服务才能满足消费者的需要。还有，疾病预防与拦截的经济价值和社会价值很难被证明，这需要与监管机构、政策制定者和花钱治病的患者建立深入的伙伴关系。

为了应对这些挑战，DIA 正在与志趣相投的利益相关方共同努力，探索新的商业模式以及非传统的合作伙伴关系。虽然疾病防治的工作仍处于早期阶段，但是，同时追求两个目标——开发药品的新途径以及彻底重构组织需要解决的根本问题，将注定杨森制药公司在未来几年要推动重大的战略转型。

双重转型 "做什么" 以及 "怎么做"

当第一次面对商品化及业绩下滑的挑战时，杨森制药公司拥有一系列的战略选择。要区别转型 A 与转型 B 的独特作用，首先需要对当前的业务进行明确一致的定义——这个看似简单的步骤很容易被忽略。

要描述一家公司销售的是什么并不难，当时杨森制药公司销售的是传统的药物。但正如彼得·德鲁克 1964 年写下的名言："顾客买的不是公司认为卖给他的东西。"公司认为自己提供的是产品或销售的是解决方案，但客户并不这样认为。客户遇到问题，公司要能为他提供解决方案。定义一家公司的不是其产品和服务，而是这家公司做什么（或为客户解决什么问题）以及它如何独特地解决客户的问题，这才是一家公司的定位。

在以前的出版物中，我们把"希望实现的目标"称为"做什么"，而"如何做"则涉及公司商业模式的关键组成部分：一是资产，如品牌、实物资产、零售店、专利等；二是专有技术，如与监管机构合作的能力或管理复杂网络的知识；三是财务能力，如公司如何获得收入，如何将收入转化为利润，如何将利润转化为净现金流。第二章更深入地描述了"做什么"以及商业模式的概念。

在过去，关于"做什么"，杨森制药公司针对的是一些选定的复杂病症，例如精神分裂症、类风湿性关节炎和艾滋病；关于"如何做"，其在转型之初大力投资于专有研究试验室及药物开发能力，从而生产出可以出售的创新药物。

图 0-5 显示了领导者为了从根本上改变公司所做的一系列战略选择。从图中左下开始进行核心业务的优化。

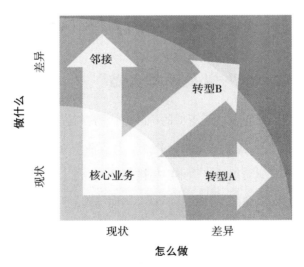

图 0-5　领导者的战略选择

对于强生公司而言，优化核心业务涉及在杨森旗下整合不同的制药业务，对运营及研发进行组合。一般来说，一个组织应当不断寻找方法提升其竞争力，通过提高生产力和创新能力生产出比竞争对手更好的产品或服务，或者设法寻找新途径去获取过去难以获取的新客户，这是一个广泛涉及的领域，但并非本书的重点。值得强调的是，如果你可以把现在的事情做得更好、更快、更省钱，那固然很好，也可能很有必要，并且为后续的工作提供支持，但是，这不是本书所阐述的战略转型。

在削减成本方面，有可能极为困难，但这并不是我们所说的"转型"。如果你所做的一切就是把过去的事情做得更好，那么你能在熊彼特所说的"创造性破坏"中幸存下来的可能性就很低。

杨森制药公司专注于"疾病领域强项"并吸纳外部创新能力的决定是转型 A，因为这是解决旧问题的新方法，即沿图 0–5 的横轴移动。通过这一举措，杨森制药公司为最终客户所做的与过去一样，都是通过提供药品帮助客户管理其健康状况；但现在却是以根本不同的方式在进行，疾病拦截计划是向图 0-5 的右上方移动，因为它是以新的（相关）方式解决新的（相关）问题，这是转型 B。

在杨森制药公司的转型案例中并未提及业内流行的一种做法，即通过收购其他大型制药公司的策略进入新的治疗领域或新的药品形态（例如生物制剂），实现公司的增长。例如，2009 年当杨森制药公司努力应对其战略挑战时，默克公司（Merck）斥资近 500 亿美元收购了先灵葆雅公司（Schering-Plough），辉瑞公司以近 700 亿美元收购了惠氏公司（Wyeth）。这些举措通常被称为"邻接"（adjacency），包括利用现有的能力为客户解决新的问题；在图 0–5 中，这被表示为向左上方的垂直移动。

采取本土邻接战略的一个经典案例是宝洁公司（P&G）在 20 世纪 90 年代和 21 世纪初进军新品类，例如高级香水（后于 2015 年退出）、家庭洁牙以及快捷保洁服务（通过公司旗下 Swiffer 和 Febreze 品牌提供）。宝洁公司采取的每一个举措都为消费者提供更多新的服务，解决以前未能解决的问题。同时，它也在发展其经过了时间检验的模式——通过沃尔玛（Walmart）和特易购（Tesco）等大众市场零售商分销其消费品；打造专有技术，提供比竞争对手更多的优惠；在广告上大量投资。

结构合理地进行邻接发展可能是增长并增强核心业务弹性的有力方法，应成为公司总体增长战略的一部分。但是，由于它们不需要从根本上改变公司的运营策略，而且倾向于不变革公司的面貌或性质，因此不作为本书讨论的重点。

如何领导双重转型

双重转型使组织的重心发生转移。当转型 B 的业务至少占到企业总量的三分之一，且增长速度快于转型 A 的业务，并即将发展为企业的核心业务时，可以说该企业已经实现了双重转型。这是领导者面临的最艰巨的挑战，本书的第二部分将详细介绍成功实现双重转型所需的四种关键领导心态。

1. 勇于在平台燃烧之前做出选择（第四章）

转型的必要性越明显，做起来就越难。奈飞（Netflix）公司的创始人、CEO 兼董事长里德·哈斯廷斯（Reed Hastings）在改革之前就开始改变奈飞的核心业务，此举为公司奠定了十年的成功增长。同样，面对创纪录的业绩和似乎能保证多年增长的监管变革，安泰（Aetna）保险公司的首席执行官马克·本托里尼（Mark Bertolini）做出了历史性的决定，对这家健康保险巨头进行了结构性重组。

2. 清晰聚焦于精选的"登月计划"（第五章）

领导者易犯的最大错误之一，是在没有重点战略的情况下就着手进行转型 B。正如约翰·肯尼迪（John Kennedy）1961 年敦促美国在十年内完成登月计划，把宇航员送到月球上并让他活着回来，领导人需要高瞻远瞩地锁定少数几个高潜力机遇。我们将详细介绍在菲律宾领先的水务公司如何在短短 90 天内选择了两项类似登月计划的具体过程。

3. 即使可能失败，也要有探索的好奇心（第六章）

尽管专注很重要，但领导者必须认识到，推动转型 B 的具体策略来自反复试错的过程，许多努力都会遭遇失败。例如，新加坡电信（Singtel）是一家极其严谨的电信公司，高度重视财务纪律。从 2010 年至 2015 年，它成功地将业务拓展到新市场，并通过将好奇心融入企业的 DNA 来增强创新文化。

4. 面对可预见的危机仍坚持信念（第七章）

在转型变革的过程中会有艰难的时刻——董事会成员怀疑、股东质疑，甚至忠诚的高管也产生动摇。在这些承诺、冲突及身份认同方面的危机面前，领导者必须保持坚定不移。时刻牢记激励人心的目标，并坚决将转型 A 与转型 B 的工作分头管理。领导者需要不断重复"各就各位，各司其事"的口诀，以此加强信念。

第八章提供了一些双重转型过程的缩影，并总结了不同行业的领导者反思其转型经验的真知灼见。

本书精选了一些有代表意义的案例进行了研究，有些是我们在研究过程中发现的，有些是我们亲身经历的。从历史的观点来看，当颠覆来袭，可以肯定的是：新事物将胜过旧事物。虽然我们在本书后记中提到了哪些行业会在未来几年面临越来越多的挑战，但是，这些挑战也带来了巨大的机会。成功执行双重转型的公司会拥有未来，而不是被未来所颠覆。

第一部分

双重转型框架

1

接下来的三章给出了双重转型的核心框架。

第一章介绍了犹他媒体公司、奥多比公司（Adobe）和奈飞公司如何进行了转型 A，并通过改变向客户提供价值以及从客户那里获取价值的方式，重新定位其传统核心业务。

第二章介绍了新加坡邮政（SingPost）、亚马逊公司和美国一些大学如何通过寻找解决新问题的新方法来推动转型 B，并打造未来的核心业务。

第三章介绍了本书合著者吉尔伯特在犹他媒体公司推行变革的亲身经历，详细介绍了如何在转型 A 和转型 B 之间精心创建能力环，从而使老旧组织焕发新生的魔力。

第一章
转型 A：重塑核心业务

2011 年，被威瑞森（Verizon）吞并后的美国在线（America Online）以 3 亿多美元的价格收购了赫芬顿邮报（Huffington Post）网站，该网站由阿里安娜·赫芬顿（Arianna Huffington）于 2005 年创建，之后迅速成长为互联网上最受欢迎的网站之一。赫芬顿邮报是最早将自己打造为信息发布平台的公司，它一改聘用大量专职记者撰写新闻内容的模式，改为由一支精简的专职记者队伍加上一大批临时撰稿人共同提供网站内容。这一招果然奏效。在被收购之时，赫芬顿邮报网站的访问量与老牌的纽约时报（The New York Times）大致相同，前者只有 50 名记者，后者则聘用了 1200 名记者。

1999 年，马克·贝尼奥夫（Marc Benioff）创立了赛富时公司（Saleforce），成为后来著名的"软件即服务"（SaaS）的先驱之一。随着互联网连接的日益普及，访问速度越来越快，贝尼奥夫断定由公司分销计算机软件的传统做法会发生转变。赛富时公司的核心客户关系管理软件（CRM）可以帮助企业用户管理其销售队伍，无须去零售店面或通过邮件目录订购软件，而是直接使用赛富时公司托管维护并授权的软件，并通过互联网交付。

贝尼奥夫创立赛富时公司的那一年，市场领头羊西贝尔系统公司（Siebel

Systems）风头正劲，在接下来的三年中情况越来越好，这家传统软件供应商的销售额从 1996 年的 4500 万美元猛增到 2001 年的 21 亿美元。但是，由于贝尼奥夫颠覆性模式的确立，西贝尔系统公司的销售额出现了逆转，到 2004 年下降到 13 亿美元。2005 年 9 月甲骨文公司（Oracle）宣布了以近 60 亿美元的价格收购赛富时公司的计划。在接下来的十年里，赛富时公司的收入增长到近 70 亿美元，股价上涨了近 500%，在 2016 年，这家昔日的新锐公司的估值达到 500 亿美元。

　　赫芬顿邮报和赛富时公司这两个案例发生在截然不同的行业环境中，但其性质是一样的。新兴公司与老牌公司都在解决客户的根本问题，但是，新兴公司发现了颠覆性的方式来解决问题。赫芬顿邮报用更少的专职记者提供新闻及娱乐信息，赛富时公司通过互联网交付的软件帮助企业优化了销售管理流程。如图 1–1 所示，它们解决的基本问题（做什么）没有改变，而它们解决问题的方式（怎么做）却发生了变化，颠覆了各自行业的经济模式，刷新了竞争格局。

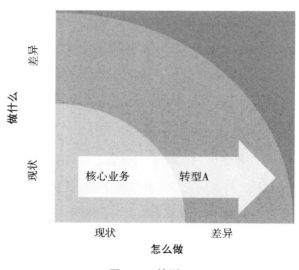

图 1–1　转型 A

其实，行业领先企业也并非一定会成为颠覆性变革力量的受害者，下面将分别讲解犹他媒体公司、奥多比公司和奈飞公司如何成功地重新定位其现有核心业务，驱动转型 A。之后我们还将详述如何在企业中推动转型 A 的四个步骤。

犹他媒体公司：从"商品式新闻"到关注信仰与家庭

本书的合著者克拉克·吉尔伯特兼任犹他新闻报社长一职时，犹他媒体公司显然需要采取新举措创建新的数字增长业务。但更为紧迫的任务是应对核心业务模式变革的挑战。变革团队的第一步工作，就是详细进行了"新闻报道成本核算"，包括制作印刷版和线上版的每篇新闻报道所花费的成本。他们将工作时间与作者的报酬相乘计算出稿件成本，这可是以前从未做过的事情。

调查性新闻需要大量投入，电影评论和地方体育报道亦是如此。此外，报纸记者经常重复 KSL 电视台记者的工作。尽管其中一些新闻报道堪称独特，引发了读者的兴趣和网站的访问量，但其中许多工作被吉尔伯特称为"商品式新闻"，即读者可以通过其他专业出版物或网站得到的新闻信息，例如通过 ESPN 看体育新闻，通过《滚石》（*Rolling Stone*）杂志看专辑评论，通过烂番茄网站（Rotten Tomatoes）看综合影评。"新闻报道成本核算"让信息透明化，并向全体员工展示了一个事实，那就是生产本地及全国性竞争对手均可轻松制作的新闻报道，其成本是多么昂贵。

犹他公司领导团队采取了三项举措降低单篇新闻报道的成本：

第一，将报纸和电视台的工作团队整合在一起；

第二，增加使用内容外包服务供方，例如美联社；

第三，推出"犹他州连线"管理平台，建立以市场价计件付薪的本地特约记者网络。

新的综合新闻编辑室（第一）采编每篇报道的成本约为传统报纸的一半。犹他州连线平台（第三）采编每篇报道的成本约为综合新闻编辑室成本的五分之一（或传统报纸成本的十分之一），这个核算结果使吉尔伯特得以精简员工队伍。2010 年 8 月，犹他新闻报解雇了 43% 的员工，这是转型必须走的一步棋，令人痛苦却又至关重要，因为只有这样才能避免这家报纸继续亏损。

这些举措不仅仅是为了降低成本，更是为了腾出资金进行投资。吉尔伯特及其领导团队选择了六个投资领域，他们相信，尽管犹他媒体公司规模不大，但在这六个领域完全可以制作出堪与世界上任何组织匹敌的优质内容。这些重点编辑领域包括：强化家庭观念、增进社区信心、关爱贫困者、加强媒体价值、卓越教育和经济责任。犹他媒体公司在这些领域的原创报道中投入的资金高达一般报道的 5 倍。其中有一个系列报道介绍了三分之一的美国儿童在生活中缺失父亲所带来的影响。随后，犹他媒体公司又为对这些主题感兴趣的全国读者创建了一份周刊。从 2010 年到 2014 年，日报和周刊的总发行量从大约 10 万订户猛增到 20 多万订户，在一个即使要保持发行量持平也需要费九牛二虎之力的行业中，这的确是一个相当了不起的数字。

从跟风提供"商品式新闻"到出版规模较小但特色鲜明的报纸，在其核心业务转型的同时，犹他媒体还大力推进核心产品组合的多栏化，包括特殊用途的出版物、定制出版物以及面向广告商的直邮解决方案。在吉尔伯特于 2015 年离职赴任杨百翰大学爱达荷分校校长之时，降低的成本、新的关注领域以及明智的扩张，这一套组合拳已从根本上改变了犹他媒体公司的核心业务。成本显著降低，报纸及其他印刷出版物提供了独特的内容，核心业务收入的下降速度有所放缓，新的针对性产品产生了 50% 以上的核心业务净收入（见表 1-1）。业务的重心转移到了犹他媒体的数字增长业务（在后续章节中将进行详述）。传统的印刷业务仍然面临风险，但是，转型 A 使得核心业务仍然是整个组织的重要组成部分。

表 1–1　犹他媒体公司的转型 A

净收入，按 2010 年总收入 =100

公司业务板块	2010	2011	2012	2013	2014	2015
旧核心业务	79	66	40	26	24	23
新核心业务	5	8	13	21	24	25
新增长业务	16	21	36	47	65	80

注：为了保护公司信息的机密性，表中数字已作处理。

奥多比公司：从套装软件到订阅式服务

施乐公司的 PARC（帕洛阿尔托研究中心）是现代计算机世界的中心。图形用户界面、网络连接、使用鼠标作为输入设备以及许多其他划时代的创新，都可以追溯到施乐科学家的突破性贡献。不幸的是，大多数先进发明的商品化过程并不是施乐公司自己完成的，而是由诸如苹果、3Com（一家分公司）和奥多比（由两位施乐 PARC 的计算机科学家于 1982 年创立）等公司实现的。

奥多比的便携式文档格式（PDF）软件几乎尽人皆知，各种设备都可以用 PDF 便捷地阅读文档。奥多比的图像处理软件 Photoshop 和插画师 Illustrator 等软件包在广告等创意产业中起着关键作用；它的数码视频编缉软件 Premiere 和影视特效 After Effects 被广泛用于电影和电视，而网页编辑软件 Dreamweaver 和动画编辑播放器 Flash Player 则是现代互联网的支柱。

2007 年 12 月，奥多比公司的老将山塔努·纳拉扬（Shantanu Narayen）出任公司 CEO。第二年，奥多比就遭遇了全球经济衰退。当时，公司正处于战略拐点，在其经营的大多数市场中都处于领先地位，看不到有什么办法能推动这些市场的大幅增长。事实上，它最大的竞争对手之一是盗版，据估计，盗版每年使公司损失近 10 亿美元。

在赛富时公司成立近 10 年后，SaaS 已经成为一个完善的模式。经济衰退导致奥多比的众多企业客户开始寻求更"轻资产"的解决方案，这促使奥多比的领导层评估了从销售软件到提供其领先产品的订阅式服务的大胆转变。正如首席财务官马克·加勒特（Mark Garrett）所说："浪费了经济衰退可是一件糟糕的事情。"

因此，奥多比在 2008 年推出了图片处理软件 Photoshop Express，以此测试订阅式 SaaS 产品的市场反应。这种商业模式对一家以销售套装软件起家的公司来说别具优势。与套装软件大起大落的重磅销售模式相比，按月进账的订阅收入更具有可预测性，因为套装软件在新产品发行后销量会激增，但随着市场饱和，销量就会逐渐减少。而在线交付的模式降低了生产和分销软件的成本，使平台更易于更新。云交付的产品具有灵活性，让新兴市场中的学生和潜在用户都能负担得起。此外，非实物的产品使盗版商们无从下手。

对于组织来说，变革从来不易。作为内部变革管理流程的一部分，奥多比首席技术官凯文·林奇（Kevin Lynch）物色了 40 位有影响力的经理，将他们变成了内部变革的倡导者。林奇说："我们最终创造了巨大的引力，公司因此变得很酷。"

2011 年 10 月，奥多比推出了"创意云"（Creative Cloud），为用户提供按需访问其软件的功能。2013 年 5 月，公司背水一战，停产新的实物型产品。2014年，"创意云"约占公司收入的三分之一，总体利润比美国经济衰退前的水平还高出 20%（请参阅表 1–2）。

表 1-2 奥多比公司的转型 A

收入（10 亿美元）

收入来源	2011	2012	2013	2014	2015
软件	3.3	3.2	2.4	1.6	1.1
订阅式服务	0	0	0.5	1.3	2.3
数字营销	0.9	1.1	1.2	1.4	1.5

注：表中数据为会计年度（12 月至次年 11 月）计算，订阅式收入仅包括核心数字媒体产品。

奈飞公司：从租赁到订阅式服务，从 DVD 到流媒体

1998 年，哈斯廷斯创立了奈飞公司，为客户提供通过邮件租赁 DVD 的服务。奈飞公司成立之初，其主要竞争对手是在美国拥有几千个店面的百视达影像租赁店（Blockbuster Video），百视达给客户租借 DVD 并承诺会提供最新的电影（当然是大片）。为了兑现这一承诺，百视达会限制客户租用 DVD 盘的时长，如果用户错过了归还期限，公司将收取大量的滞纳金。百视达通过这一举措，不仅能够盘活库存，兑现对用户的承诺，而且为股东带来了可观的回报。

起初，奈飞公司和传统的影像租赁店并没有什么不同。用户租赁一部电影 DVD，如果超时未还则需支付滞纳金；用户可以享受送货上门的便利，而且能租到"长尾内容"，即一些太小众而不会在零售店中出现的影视作品。

1999 年，奈飞公司进行了第一次转型 A，这次转型导致了百视达及其他影像租赁店的倒闭。新模式下，消费者不是租用单个 DVD，而是按月支付订阅费，只要他们每次持有的影片不超过约定的数量（具体数量取决于订阅费的高低），就可以无限制地租用。与 SaaS 模式一样，订阅模式的主要优点是奈飞公司在交付电影 DVD 之前先向客户收取费用，从而形成了实质性的用户"黏性"，因为人们开始订阅的可能性远远大于停止订阅的可能性。2000 年，奈飞公司一度打算

以 5000 万美元的价格将业务卖给百视达，但当时雄霸市场的百视达错失了这一良机。

　　奈飞公司着手构建复杂的库存管理系统，以确保人们按需租到心仪的 DVD。公司投入巨资打造了基于用户对影片的评分而预测其需求的算法——"推荐引擎"，这一举措对奈飞公司的发展至关重要。2008 年，奈飞公司宣布了一场"推荐引擎改进公开赛"，比赛规则是只要超越将引擎性能提高 10% 的门槛，表现最佳的团队即可获得 100 万美元的大奖。比赛的结果是有两支竞赛团队超越了门槛，获胜团队在 2009 年收到了哈斯廷斯的支票（值得注意的是，这是团队成员们第一次见面，此前他们都是在线上虚拟合作）。

　　百视达坐不住了。这个开业之初就有着 30 亿美元收入、市值高达数十亿美元的市场领头羊，也曾尝试提供一种线上线下整合的产品，使用户可以到访门店，也可以在线观看电影。但是，由于缺乏奈飞公司线上模式方面的多年经验，百视达未能创造出足够吸引客户又具备更优性价比的产品。

　　2008 年，奈飞公司又开始尝试通过流媒体服务扩大其 DVD 邮寄租赁业务。从客户的角度来看，流媒体的优势消除了奈飞模式缺乏即时满足感这一缺点，但由于现有的带宽限制拉低了用户体验的质量。除了那些技术牛人之外，普通人都必须在小小的计算机上观看影片，而不能在清晰的电视机大屏幕上观看。

　　服务内容（发现并观赏影片内容）没有改变，但流媒体传输与传统寄送 DVD 的交付方式却有很大差异。邮寄 DVD 模式成功的关键包括有效的库存管理、仓储及物流配送，而流媒体业务成功的关键涉及开发管理复杂多变的技术主机。奈飞公司最终成功转型。而百视达则在 2010 年申请了破产保护，其资产最终出售给了卫星电视公司（DISH Network）。到 2012 年，奈飞公司的流媒体业务已经占到公司总收入的大部分；两年之后，其流媒体收入已比邮寄 DVD 模式的收入高出了 5 倍以上（见表 1–3）。

表 1-3　奈飞公司的转型 A

收入（10 亿美元）

收入来源	2010	2011	2012	2013	2014	2015
邮寄 DVD 模式	2.2	2.6	1.1	0.9	0.8	0.6
流媒体模式	0	0.6	2.5	3.5	4.7	6.1

　　奈飞的故事远未结束。随着算法复杂程度的提高，哈斯廷斯及其领导团队开始思考："我们非常了解我们的用户，我们知道哪些内容好、哪些不太好，如果我们从发行别人的内容改为创建自己的内容，那会怎么样？"

　　内容制作是需要胆识的。主流的电视网络每年推出几十个新节目，经过层层筛选和测试，只有少数节目能幸存下来。考虑到这样的概率，大多数内容制作人自然会规避风险，只是在市场表现出明确的兴趣之后，才会在电视剧制作上投资。与此模式形成鲜明对比的是 HBO 电视网（Home Box Office），它在《黑道家族》和《权力的游戏》等系列中押下了大赌注。

　　奈飞公司制作的第一部剧集是《纸牌屋》（House of Cards），由广受赞誉的演员凯文·史派西（Kevin Spacey）出演腐败的参议员弗兰克·安德伍德。奈飞公司借助自身强大的流媒体服务，打破了逐周更新内容的惯常做法，一次性发布了《纸牌屋》的全部剧集，为影视界带来一股新风。消费者纷纷疯狂追剧，然后蜂拥至社交媒体分享观后感。

　　随后，奈飞公司又陆续推出了一些其他受欢迎的节目，从而巩固了奈飞公司的竞争地位。

　　2015 年，奈飞公司已经从根本上实现了业务转型，即从邮寄租赁第三方的 DVD 内容到通过网络传递丰富的原创及第三方内容。我们认为这属于转型 A，因为奈飞公司所做的核心工作（做什么）没有实质性的变化，但是奈飞公司完成该工作的方式（怎么做）发生了变化。

传统业务仍然是转型 A 的重要组成部分，如果经营得当，老业务可以带来大量现金流，并继续创造可实现新增长的能力。例如，截至 2015 年，奈飞公司仍有超过 500 万的用户使用邮寄 DVD 服务。尽管该数字比高峰时下降了 75%，但奈飞公司仍从邮寄租赁 DVD 业务中获得了可观的利润。

驱动转型 A 的四个关键步骤

转型 A 的本质是改变"怎么做"——即寻求更有效果、更高效率的方式满足客户需求，最大限度地提高原有核心业务的适应性和相关性。这种变化听起来很简单，因为至少你不需要重新发现或是证明自己针对的是真正的市场需求。

然而，改变运营方式对于公司来说往往苦不堪言。克里斯坦森的著作《创新者的窘境》介绍了从钢铁到会计软件等众多行业领头羊的案例，描述了当颠覆者以一种破坏性的方式解决现有的问题时，行业领头羊们如何挣扎应对。正如本书合著者马克·约翰逊（Mark Johnson）在其 2010 年出版的《白地策略》（*Seizing the White Space*）一书中所描述的：核心问题在于，随着时间的推移，公司会制定规则、规范和衡量标准，以延续其以往创造、获取和交付价值的方式。尽管人类是灵活而有创造力的物种，但当这些潜在的系统形成制度性的惯例时，它们便可以抵抗多种类型的变化。

基于我们为本书所做的案例研究、在应对颠覆性挑战方面的领导实践，以及给予客户建议的总体经验，我们为成功实现转型 A 提出了四个关键步骤——必须详细了解需要做什么客户认为独特而有意义的事；创新商业模式交付为客户创造价值的产品和服务；衡量并跟踪反映新模式的新指标；大胆付诸实施。

关键 1：确定"颠覆发生后希望实现的目标"

转型 A 的触发点，通常是新的技术或商业模式的出现为现有市场创造了新的可能性。对于许多公司而言，这个触发点就是互联网的持续崛起，以及过去以线下或实体产品提供服务的商业模式日益数字化。要重构商业模式，公司面临的根本问题是：我们做些什么才能为客户带来独特的价值？

我们用"希望实现的目标"这一概念来回答这个问题的核心理念：人们不是在买产品或服务，而是"雇用"它们来实现希望达成的目标。因此，对竞争优势的追求就是用产品或服务打造一把钥匙，打开客户在特定情况下寻找的功能、情感或社会进步这把锁。市场营销学者们会注意到，"希望实现的目标"并不是特别新的概念。我们在前文中曾引用彼得·德鲁克的名言："顾客买的不是公司认为卖给他的东西。"接下来的一句话更重要，"原因之一是没有谁会为'产品'付费，而是为自己的满足感买单。"

公司认为其在销售产品或提供服务，但客户却不这样认为。哈佛商学院传奇的营销大师西奥多·莱维特（Theodore Levitt）有句名言："人们想要的并不是四分之一英寸的钻头，而是想要四分之一英寸的孔。"其实这个说法也不太准确。人们想要的并不是四分之一英寸的孔，他们就是想挂一张照片。甚至这么说还不完全准确，人们不是想挂照片，而是希望自己的公寓看起来更好，以便下次亲家来时不那么挑剔。

杨百翰大学爱达荷分校（吉尔伯特于 2015 年成为该校校长）就是一个围绕"希望实现的目标"而建立的典范组织，该校的前身为瑞克斯学院（Ricks College），在 2000 年成为位于犹他州普罗沃的杨百翰大学（Brigham Young University）的姊妹学院。尽管杨百翰大学爱达荷分校的核心使命在精神层面，但其创建目的就是要"实现一个目标"——以合理的收费培养适应社会的学生。当然，许多大学都是为了完成这一基础性工作而建立。但时间一长，一些学校渐渐朝着研究方向发展，使教育成本越来越高。还有一些学校转向发展大型体育项目，甚至橄榄球教练的收入远远高于大学校长。杨百翰大学爱达荷分校并未围绕学术研究或者体育运动来建设，而是不懈地致力于做好目标学生需要的基础工作。如今，杨百翰大学爱达荷分校采用纯粹的"以学生为本"的教育模式，其毕业率和就业率远远高于同等院校，而且培养成本低于大多数公立学校。

为了确定转型 A 的根本目标，领导者需要了解客户面临的根本问题及他们所寻求的进展。虽然客户常常难以描述他们究竟想要什么，但却能够清楚地解释自己要实现的目标、选择某一种解决方案而不是另一种方案的原因，还有对现有解决方案的不满，等等。更具体地说，你要么去做详细的研究［如果做研究，强烈建议你阅读克里斯坦森以及我们的同事大卫·邓肯（David Duncan）、泰迪·霍尔（Taddy Hall）和凯伦·迪伦（Karen Dillon）于 2016 年合著的《与运气竞争》一书］，要么依靠公司的领导团队累积的经验来详细回答这五个问题。

1. 人们过去为什么向我们购买？

2. 我们为客户提供了哪些他们真正想要的东西？

3. 我们所在市场发生了什么颠覆性变化？

4. 对他们来说曾经重要但不再重要的是什么？

5. 他们希望我们做些什么迄今还没有做的事？

邀请一些局外人或者有着新视角的人回答这些问题，会对你们有所帮助，因为在一个组织内部往往会存在这样的偏见，以为自己卖的就是人们想要的东西，以为自己过去提供的具备竞争优势的东西在未来仍然很重要。我们特意称之为"颠覆发生后希望实现的目标"以强化这样的观念——随着世界的变化，客户最需要的事物也在变化。

表 1-4 提供了对本章所述的案例研究以及施乐公司和杨森制药公司（本书引子部分有详细介绍）对于这五个问题的答案。

表 1-4　确定"颠覆发生后希望实现的目标"

针对目标的问题	犹他媒体（2010 年）	奥多比（2008 年）	奈飞（2008 年）	杨百翰大学爱达荷分校（2000 年）	施乐（2004 年）	杨森（2014 年）
1. 人们过去为什么向我们购买？	得到新闻和信息	开发创新内容	享受内容	为现实世界做好准备	自动化枯燥的业务流程	治疗疾病和慢性病
2. 我们为客户提供了哪些他们真正想要的东西	在别处找不到的独特内容	能让人们完成事情的解决方案	"够用"的选择但要符合用户的时间表	教师参与及为生活做好准备	简单的购买流程	价格合理的治疗
3. 我们所在市场发生了什么颠覆性变化？	赫芬顿邮报等在线门户网站	"软件即服务"模式	更高速的互联网连接	成本较低的交付模式	商品化	非专利治疗及监管压力
4. 对他们来说曾经重要但不再重要的是什么？	商品化内容（电影评论、体育比分）	漂亮的包装和详细的文档	同期播出的电视	师资研究、校园声望、一流的体育项目	更高的性能	品牌
5. 他们希望我们做些什么迄今还没有做的事？	深入未知领域探究	更快地获得升级	提供即时内容和自定进度的消费	获得实惠的生活及职业指导	不需要任何产品就能解决问题	疾病预防

关键 2：创新商业模式

本章中的案例涉及许多客户看不见的变化。例如犹他媒体公司重新配置了记者队伍，将部分工作从专职记者手中转给特约记者，对于客户来说，他们打开报纸或点击链接时看到的同样是新闻报道。奥多比公司通过"创意云"提供了功能相同的软件，但是客户的付费方式发生了改变。奈飞公司的用户可以通过单击电视机上的应用程序来访问观看影片内容，而不必将 DVD 碟片插入播放器中；DVD 的内容可能由奈飞公司自己原创，不是第三方制作的。这些变革所需的幕后工作与终端客户无关，但是对公司却至关重要，因为这可以确保以最大的财务弹性达成"颠覆发生后希望实现的目标"。

因此，成功进行转型 A 的实质，是重新定义企业的核心商业模式，真正为客户创造价值，尽可能高效地交付价值，并获得足够的资本为未来的创新投资，这些是商业模式的三个关键要素。所以，转型 A 的第二个关键是创新企业的商业模式，使其能够交付"希望实现的目标"。

《白地策略》一书提供了商业模式元素的全面概述，以及需要考虑的一系列典型模式。我们建议特别注意五个关键的商业模式元素。

1. 生产。我们过去所做的，哪些是现在可以外包的？过去外包的，哪些是现在我们应当自己做的？

2. 分销。我们可以直接销售吗？可否使用不同的分销渠道？

3. 客户支持。我们的客户需要什么支持吗？

4. 收入模型。我们可以给产品配上服务吗？或者给服务配上产品？提供"免费增值"的产品能否带动使用量？可否从一次性购买转为订阅模式？

5. 定价模型。我们应当多久收取一次费用？应当如何收费？

这些元素未必都会改变，但有些会变。请谨记"颠覆发生后希望实现的目标"，因为你们的目标是交付客户价值，而不是要最大程度地维持现状。如果还没有找到一种商业模式可以对当前业务进行拓展，说明你们还没做到深谋远虑。杨百翰大学爱达荷分校在 2000 年创建的时候做到了这一点。当戈登·B. 辛格利

（Gordon B. Hinckley）宣布成立这所新大学时，给出了明确的定位：该大学的重点在于教学和咨询，不在于研究。他还阐明，学校将按全年制运营，在不增加基础设施成本的情况下，充分利用在线学习以吸引更多的生源。任何不以加强"以学生为本"这一使命的支出，都将受到严格的审核。杨百翰大学爱达荷分校将所有重心（和投资）都放在了"以学生为本"需要实现的目标上。

在规划商业模式蓝图时，最后需要注意三点。首先，尽管成本很重要，但却不是唯一重要的东西。本章中详细介绍的案例研究均涉及原有核心业务的成本削减。影响核心业务的颠覆性变化越深刻、公司对其做出回应的时间越晚，转型 A 就越有可能需要忍痛大幅削减成本，有的公司甚至在转型 A 的过程中削减核心业务成本到了"成本转型"的程度。不过请务必注意，我们最终的目标不是简单地削减成本，而是重新定位商业模式，提高长期竞争力。

其次，需要确定商业模式的组成部分，逐一识别在全球范围内，在每个业务领域中，谁做得最好、最具创新性、最能交付卓越的产品或服务。不要局限于只看你们所在的类别或者地域，可以类推如果借用别人的商业模式元素应用于你们的情况，将会是什么样子。由此得出的答案将是稳健而独到的。

最后，要确保系统地思考商业模式。不要指望一个佣金与销售总额挂钩的销售团队会优先推销订阅式产品，订阅式产品是基于多年稳定收入的，就像链条的坚固程度取决于它最薄弱的一环节一样，商业模式存在任何冲突环节都会导致其崩溃。

表 1-5 显示了本书所述案例的主要商业模式差异，空白单元格表示该部分没有重大变化。

表 1-5　6 家公司的主要商业模式差异

商业模式元素	犹他媒体	奥多比	奈飞	杨百翰大学爱达荷分校	施乐	杨森
生产	特约记者加综合新闻编辑部		原创内容	全年制	外包	外部开发
分销	周报的全国发行	基于网络	流媒体	课堂和在线学习	直接对消费者	
客户支持		基于网络			外包	
收入		订阅				
定价		每月		学费涨幅达到或低于通胀率		

关键 3：确定并监控新指标

转型 A 可能会涉及降低一些成本，甚至会大幅度降低成本。但是，转型 A 与传统的成本削减在本质上不同。转型 A 的战略意图不是以更好的方式做以前的事，而是摸索出一种独特而具有竞争力的方式为客户提供价值。如果你能把现有业务做得更好、更快、更省钱，那固然很好，但这样并不能有效地改变你们维持核心业务的能力。

我们谨慎地（经过大量辩论）选用"重塑核心业务"一词描述转型 A。有时，破坏性力量想要的无非就是重塑再造。但在核心业务中通常存在着显著增长的空间，而且"重塑"一词听起来令人生畏甚至反感。适当的重塑将为核心业务注入新的活力，但运营的改善与合理的邻接业务也可能达到同样的效果。重新定位"颠覆发生后希望实现的目标"是真正的大问题，远比抽走每个职能部门 3% 的成本更重要。

我们在 2015 年开始撰写本书时，每天都在谷歌搜索"转型"一词，其中包含本书介绍的一些案例，但每日的新闻推送更多地是充斥着流行文化的热点事件：诸如"凯莉·詹娜经历了一个戏剧性的转型，从一头黑发变成了一头金发。""肥肥的香肠狗'胖文森特'以惊人的转型震惊了兽医。""杰克·吉伦哈尔出演《铁拳》：作为演员如何成功转型。"这只是其中 3 个例子，这样的转型与本书要研究的转型截然不同。

许多正在进行所谓的数字化转型的公司，其实是"新瓶装旧酒"，他们没有利用数字技术的兴起从根本上重新思考如何运营，而只把过去做的事情数字化——他们淘汰了传真机、安装上电子邮件、抛弃了电子邮件、改为发送短信息，或者将文本对话转移到诸如 Slack 之类的信息沟通平台上。这些举措可能会降低成本、提高客户或员工的满意度，但是公司并未发生实质性的变化。在瞬息万变的世界中，只是把老游戏玩得更好是远远不够的。

如何了解是否真正转变了核心业务呢，最简单是问一个问题——我们的指标发生了什么变化？以奈飞公司为例，基于 DVD 租用的模式需要管理仓库利用率和物流成本，而流媒体模式需要管理网站的正常运行时间和带宽成本。如果公司在转型工作前后都使用相同的指标，那么它就真的没有实质性的转型。

关键 4：积极实施

在 16 世纪，西班牙指挥官埃尔南·科尔特斯（Hernán Cortés）率兵出征，去征服位于今天墨西哥中部的阿兹特克帝国。刚到那里，他就下令销毁他们的船队，向船员表明背水一战、志在必得的决心。

同样的道理，成功推进转型 A 也有背水一战的时刻。例如奥多比公司叫停了套装软件的更新。吉尔伯特在犹他媒体公司工作期间，不是和风细雨地裁员，而是在一天之内就大刀阔斧削减了 40% 的员工。几乎一夜之间就让瑞克斯学院这所大专学校华丽转身为四年制的学院，改为全年教学制，并取消了昂贵的体育项目。正如我们稍后讨论的那样，如果有什么要补充的，那就是——奈飞公司在流媒体方面的发展速度过快了。

我们向来认可测试与调整的价值，构成转型 B 的新尝试将受益于训练有素的试验。切记，转型 A 是针对已经被验证的广泛市场需求，主要是对旧的交付模式做出调整。当然，在转型开始时应当使用试点转型来调整全面的启动计划，并进一步建立组织内部的一致性，但一旦管理团队对转型 A 的看法高度一致，就需要快速全面推进，任何其他方式都会带来妥协和退步的可能。

商业模式成功转型的组织案例具有共同的因素。第一，高层管理人员几乎总是亲力亲为、深度参与转型的全过程。书中描述的系列动作不可能完全照搬到你所在的组织。毕竟，在大多数情况下，转型的最大障碍是传统组织本身。高层管理人员必须随时准备调停新旧业务模式之间的冲突，并确保标准操作程序不会使转型意外脱轨，这是非常消耗领导者心力的工作，尤其是在需要大幅削减成本的情况下（第七章详细介绍了领导者在转型过程中可能遇到的危机）。

第二，引进特殊用途的人才。在组织中得到升迁的员工已经掌握了旧有的模式。尽管聪明人可以学习新的方法，但是直接招募一些已经掌握了如何进行转型 A 的现成人才不失为一种捷径。

第三，几乎在所有的案例中，激活转型 A 的新商业模式都需要对销售和分销精心管理。销售渠道是业务之矛的尖锋，重在塑造目标客户与合理的价位。

小结

犹他新闻报从提供"商品式新闻"到专注于信仰和家庭的独特内容；奥多比公司从软件销售转向订阅式服务；奈飞公司从邮寄租赁 DVD 转变为流媒体订阅服务（并进行了从纯粹的发行到制作内容的第二种转变）；杨百翰大学爱达荷分

校舍弃研究型大学的发展路线，成了一所真正以学生为中心、以教学为中心的大学。在每一个案例中，组织都为同样的客户提供服务并提供相同的基本价值。但是，他们创造、交付和获取价值的方式发生了变化。

转型 A 讲的都是关于"怎么做"，成功转型 A 需要遵循以下步骤。

1. 专注于"颠覆发生后希望实现的目标"。

2. 创造出新的商业模式去实现上述目标。

3. 确定并监控新指标。

4. 积极实施。

第二章
转型 B: 新创增长引擎

实现转型 A 绝非易事，以至于让人望而却步。但是，熊彼特所谓的"创造性破坏之风"还在肆虐呼啸，为加固核心业务而筑起的高墙虽然增加了组织抵御风雨的适应力，但只有转型 B 才能创造出为下一波增长提供强劲动力的风力涡轮机。

颠覆最容易引起高层领导的恐惧。但是，历史一次次告诉我们，颠覆是一个组织有史以来最大的增长机遇，它使复杂的变简单，昂贵的变实惠，即使颠覆了原来的商业模式，其过程也始终能扩大市场。转型 A 是直面创新者的窘境，而转型 B 则是抓住创新的机会。

媒体行业的传统公司大都在极力挣扎，但媒体行业一直是高影响力创业公司的温床。例如，以下公司就是在美国网景公司推出其互联网浏览器的颠覆性冲击后成立的。

Alphabet 公司

当这家前身为谷歌的公司成立时，并不清楚自己注定要走向伟大。（2015 年，该公司改组为集团，正式将其谷歌品牌的搜索引擎与新兴业务分开。）在新兴搜索引擎领域，它并非数一数二率先成立的公司，甚至第十也排不上，它是第十八家公司。

谷歌的技术和方法令人信服，但是，直到 2001 年，分析人士仍在质疑这家公司能否赚钱。答案揭晓于谷歌建立了基于广告的强大商业模式。它先将广告与搜索字词配对，然后使用其关键字广告（Ad Words）平台拍卖这些字词。再之后，通过其广告联盟（Ad Sense）计划接管其他发布商的广告，从而扩大了自己的目录清单。一连串的创新使公司的收入和广告飞速增长。在撰写本书时，Alphabet 公司的市值已接近 5000 亿美元。

脸书（Facebook）

同样，当马克·扎克伯格（Mark Zuckerberg）于 2004 年推出第一版社交网络时，他似乎已慢了半拍儿，当时的市场领头羊是 Myspace。扎克伯格先是在哈佛校园内创办了 Facebook，后将其扩展到常春藤盟校，再进一步扩展到所有学校，然后才最终向公众开放。

媒体巨头新闻集团（NewsCorp）在 2005 年以 5.8 亿美元的价格收购了 MySpace，但最终却搞砸了这桩交易，这为 Facebook 的突飞猛进创造了空间，确立了其领先地位。到 2016 年底，Facebook 吸引了 20 亿用户，巧妙地完成了从笔记本电脑到移动设备的过渡（移动设备现在构成了其使用和收入的大部分），而且有望通过有机增长及对外收购进行业务扩张，包括对图片分享应用程序 Instagram、即时通信应用程序 WhatsApp 和虚拟现实先驱 Oculus 公司的收购。在创立十几年后，Facebook 一跃成为全球十大最有价值的公司之一。

易趣（eBay）

据传说，皮埃尔·奥米迪亚（Pierre Omidyar）为了帮助妻子出售 Pez 糖果盒（一种装糖果的可收藏的塑料物件）才创立了易趣网。尽管奥米迪亚承认这个故事主要是出于营销目的而编造的，但毫无疑问，易趣在线匹配商品买卖双方的颠覆性模式发挥了重要作用，颠覆了分类广告行业，创造了一个蓬勃发展的业务，易趣从第一年的 23.2 万美元发展到 10 亿美元的收入水平，仅仅用了 4 年时间。

雅虎（Yahoo）

雅虎的历史常常被当作错失良机的反面典型，它曾经是用户超过 5 亿的新闻及信息网站的集合体。却在 2016 年以 50 亿美元的价格卖给威瑞森公司。之前，雅虎的核心网络业务已被谷歌碾压，但这个曾经风光无限的搜索引擎所获得的仍然是相当傲人的成就。

领英（LinkedIn）

在美国，Facebook 是共享个人消息（例如最新的婴儿照）的首选社交网络，领英则主导着职业社交网络，人们不必再交换名片，而是说"在领英上搜索我吧"。领英网络由里德·霍夫曼（Reid Hoffman）创立，他是贝宝（PayPal）公司的早期的领导团队成员，该公司开创了颠覆性的在线支付业务。到 2016 年，领英网络的活跃用户已增长至 5 亿多。公司创建了多管齐下的业务模式，包括高级订阅及协助企业招聘的服务和广告。经过激烈的竞购战，微软在 2016 年以 260 亿美元的价格收购了领英。

推特（Twitter）

Twitter 的创业故事既有趣又真实。为了方便人们管理 iPod 上的播客，两位成功的企业家埃夫·威廉姆斯（Ev Williams）和比兹·斯通（Biz Stone）创立了一家名为 Odeo 的公司。但苹果公司在自己的软件中内置了这项功能，直接挤掉了 Odeo 的生意，因此他们需要另谋生路。杰克·多西（Jack Dorsey）和同事破解了一个允许人们共享即时状态更新的解决方案，于是，Twitter 诞生了，并且迅速成为一个平台，发布爆炸性新闻，直接汇集名人明星的观点，吸引了数亿用户。其对新闻传播的即时性和开创性具有变革意义。

其他一些公司也值得一提，比如互联网公司 InterActiveCorp，截至撰写本书时市值约 60 亿美元；猫途鹰（Trip Advisor）市值 100 亿美元；房地产平台 Zillow（15 亿美元）；高朋团购 Groupon（30 亿美元）；点评网站 Yelp（20 亿美元）以及清单体文章和算法的创新者 BuzzFeed（15 亿美元）。截至 2016 年底，我们提及的十几家公司共创造了近 1 万亿美元的市值。

在本章中，我们将研究推动转型 B 的三个组织案例，探讨找到解决不同问题的新方法（见图 2-1），归纳出成功的三个因素，并对奈飞公司下一步可以做些什么给出了一些建议。

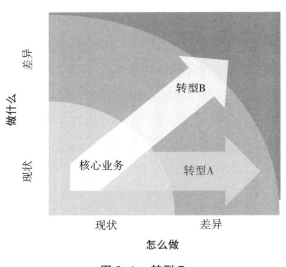

图 2-1　转型 B

新加坡邮政：从传统邮递业务到物流服务

颠覆本身通常以微妙的方式出现在市场的边缘，但即使如此，连外行人也能看出颠覆如何影响着邮递业务。因为尽管人们的交流比以往任何时候都要多，但写信和寄信的人数却急剧减少。而且有的公司为了节省成本，已经从打印纸质发票改为向消费者发送电子发票。银行也意识到，虽然新信用卡的邮寄活动仍然有效，但相对而言线上开卡效果更好。在美国，邮递量已经从 2004 年的 2060 亿件下降到 2014 年的 1550 亿件，下降幅度高达 25%。

在这种转变的大背景下，新加坡邮政作为传统邮政运营商，其业务却从 2004 年到 2014 年增长了两倍之多，从大约 3.75 亿新加坡元增长到 8.2 亿新加坡元（约合 18 亿元人民币增长到 39.4 亿元人民币）。公司是如何实现收入增长的呢？原来，新加坡邮政已经从邮件承运人转变为物流及电商履约服务商。

这是一家拥有 150 年历史的公司，1967 年以"新加坡邮政服务局"为名成为一个独立组织，于 1982 年并入新加坡电信管理局。1992 年，新加坡电信管理局拆分为监管机构（新加坡信息通信发展管理局）和运营商（新加坡电信）两部分，新加坡邮政是新加坡电信的全资子公司。2003 年，新加坡电信剥离了新加坡邮政，并持有其 31% 的股份。在撰写本书时，新加坡电信持有新加坡邮政的股权份额已减至 23%。

除了"慢速邮递"减少的普遍趋势，新加坡邮政还面临着一大挑战，即在 2007 年，其接收、收集和递送明信片的专有许可资格已到期，而这恰恰是其业务的重要组成部分。

在首次公开募股之后，新加坡邮政着力实现其核心业务的多元化，包括在邮局引入账单支付服务（2005 年），建立"直邮业务"（2007 年），2009 年收购冠庭国际物流公司（Quantum Solutions）后，为小型企业提供收发管理和其他业务流程的外包解决方案。为了吸引年轻的消费者，2010 年，它在旅游和购物区开设了名为 KPO 的店面，整合了时尚酒吧和咖啡厅的理念，于晚间和周末开放。2010 年，当时的首席执行官威尔逊·谭（Wilson Tan）说："有时候，我们必须做好准备，摒弃过去对我们有利但今天可能不再重要的事情……我们最好换个挡位继续前行。"

　　通过优化并加强其传统核心业务，2004 年至 2013 年，新加坡邮政邮递收入增长了三分之一以上。但是管理层认为公司具有更大的增长潜力，并深知找到新的增长途径对于确保企业的长期生存能力至关重要。

　　像其他邮政承运人一样，新加坡邮政已经发展起强大的物流及运营能力。它每天处理着数百万封邮件，在全国范围内运营着 50 多个邮局。几乎所有的信件都在一天之内送达全境。随着电子商务在区域内的发展，公司决定开发一套服务体系帮助商家解决线上业务带来的问题，例如仓储、库房、网站建设维护以及数字化营销等。该公司还创建了代购平台 vPost，为消费者省去了在全球电子商务网站上购买商品时产生的高昂运费；其提供的汇款服务可以帮助外籍工人将钱款汇回家乡。

　　2009 年，新加坡邮政收购了在多个国家经营物流及电子履约服务的冠庭国际物流，并因此获得了加速增长。两年后，为了加快其战略转型，新加坡邮政宣布了一项名为"为未来做好准备"的计划，公布了公司的发展愿景——成为电子商务物流的区域领导者。正如首席执行官沃尔夫冈·拜尔（Wolfgang Baier）（2011 年~2016 年任职）所说："我描绘了一个画面，向大家展示了以现在的工作重点和努力程度（已经很努力）未来会是什么样子，如果我们在 3~5 年的时间内运用优势的市场力量会怎么样。事实证明，这是令人震撼的一幅画面……它让每个人清醒起来，理解我们确实需要做些什么，确实需要加快转型。"

　　通过将有机投资与定向收购相结合，新加坡邮政投资 1.82 亿新加坡元（折合 8.75 亿元人民币）[①] 在新加坡建立电子商务物流中心，到 2014 年，其新业务几乎占其总体业务的一半。该公司稳步发展的标志，就是中国电子商务巨头阿里巴

---

① 　本书所有外币折算人民币均参照按 2021 年 7 月汇率。——编者注

巴集团（Alibaba Group）于 2015 年决定投资 3.125 亿新加坡元收购新加坡邮政（SingPost）10.3% 的股份，以进一步建立与全球电子商务相关的合资企业合作的机会。

转型的过程并非一帆风顺。首席执行官拜尔在获得"新加坡企业大奖"颁发的最佳首席执行官奖项后，于 2015 年年底宣布辞职。2016 年 4 月，董事会主席林和纪（Lim Ho Kee）在其亲自挑选的继任者辞职后也辞任了。

关于新加坡邮政处理其收购产生的商誉问题开始浮出水面。自 2011 年起一直担任新加坡邮政前东家新加坡电信董事长的伊盛盟（Simon Israel）在 2016 年年中接任新加坡邮政董事会主席，他承诺将在新加坡邮政的转型过程中推行更高的透明度，并称之为"战略性稳健"。

亚马逊：从零售商到云计算的领导者

本书合著者马克·约翰逊在其著作《白地策略》中描述了亚马逊公司的转型历程。在创始人杰夫·贝佐斯（Jeff Bezos）的带领下，公司始终在努力创新。在《领先与颠覆》（*Lead and Disrupt*）一书中，学者查尔斯·奥莱利（Charles O'Reilly III）和迈克尔·图什曼（Michael Tushman）详细介绍了亚马逊在成立最初的 21 年里（从 1994 年到 2015 年）如何实现了 25 项重大创新，其中许多服务，例如亚马逊至尊会员（Amazon Prime，会员免费送货）和客户评论（customer reviews）等都属于转型 A 的范畴，即亚马逊从书籍零售商到持续转型为以顾客为中心的全球零售商的一部分。而另一些创新则将亚马逊推向新的颠覆领域。

亚马逊最著名的转型 B 是创建了亚马逊云服务（AWS），该服务已成为云计算服务的领先提供商。2005 年，当时亚马逊部署了最终催生 AWS 的工作，并预测 10 年后公司将成为主导市场的领导者，这在当时听起来简直就像一个笑话。

　　亚马逊 AWS 的诞生源于程序员约翰·达泽尔（John Dalzell）领导的一项旨在加速内部 IT 项目的工作，其理念是将系统分拆成小块，使用开源软件构建服务，使软件开发人员在亚马逊服务器上轻松运行任何解决方案。贝佐斯授命其已作为第一接班人培养了 18 个月的安迪·贾西（Andy Jassy）将云服务发展为商用业务。贾西撰写了 6 页纸的备忘录（备忘录是亚马逊内部使用的标准工作简报工具，用来替代冗赘的 PPT 幻灯片），证明 AWS 可以"使开发人员和企业客户使用云服务来构建成熟且可扩展的应用程序"。

　　AWS 业务允许企业客户租赁而不是购买 IT 服务。这项业务最初的客户是买不起专有硬件的小公司，但大公司们很快就感受到其服务速度及灵活性的吸引力。AWS 业务的潜在影响并非所有人都看得见。正如奥莱利和图什曼指出的那样：亚马逊董事会成员、凯鹏华盈风险投资公司（Kleiner Perkins）的约翰·杜尔（John Doerr）得知这一努力方向时，表现出极度的不满，认为这会分散公司的注意力。但贝佐斯不予理会，他相信亚马逊在这个万亿美元的市场上具有天然的成本优势。

　　事实证明贝佐斯是对的。2016 年 4 月的一份报告显示，在云基础设施的分散市场中，亚马逊占了大约 30% 的市场份额，超过了微软、IBM 与 Alphabet 的总和。当基本连接的价格迅速下滑时，亚马逊开发并部署了一系列高利润的增值服务。2016 年第二季度，亚马逊公布的 AWS 业务收入近 30 亿美元，营业利润率达到 20%。AWS 使企业非常迅速地扩展业务，因此受到企业家们的青睐，它还在大型企业内部起着关键任务的作用。例如，奈飞公司将 AWS 用于流媒体服务。

　　AWS 是实施转型 B 的典型案例，它解决的问题完全不同于亚马逊传统的核心业务。显而易见，它源于核心业务，但朝着完全不同的方向发展，使亚马逊创建了一个傲人的增长引擎，其潜力可能与亚马逊当前的核心业务一样可观。

总体来说，对核心业务的适度扩张是亚马逊过去 20 年成功的关键。如果亚马逊仅以销售的产品来定义自己，那么它永远不会扩展到云服务、数字出版和流媒体内容。如果亚马逊仅局限于现有的能力范围，它就不会进入新市场。贝佐斯曾表示，关键是要不懈地关注客户，并在改进今天和创造明天之间平衡创新的努力。

贝佐斯告诉我们："如果你想真正不断推陈出新为客户提供服务，就不能止步于'我们擅长什么'，你必须要问'我们的客户需要什么，想要什么'，而且无论多难，你最好能做好这些事情。"

高等教育：从校内综合教育到在线技能培养

在过去几十年里，美国的高等教育在很多方面的增长速度都势头不减，需求似乎难以被满足。人们愿意为学位所付出的花费似乎不设限。然而，许多专家认为美国的高等教育体系正处于危机的边缘。美国许多世界顶级大学不断攀升的学费让许多学生要么望而却步，要么背上了沉重的债务负担。

其中一些成本的增加，确实与学科研究或者学校的整体设施升级有关，而另一些则与校园设施的盲目竞赛有关，比如某一所学校吹嘘自己提供"带有攀岩墙和'漂流河'的健身设施"，另一所学校则声称提供"有着 2100 加仑水族馆"的宿舍、有未来主义风格的"球形小憩舱"及大屏幕电视的休息室。2015 年，美国学生的贷款总额超过了 1 万亿美元，而学生的成绩并没有与费用的增加成正比，这意味着教育的投资回报率正在下降。2013 年，颠覆理论大师克里斯坦森预测，在未来的 15 年内，50% 的大学可能会没落。

与此同时，高速网络的兴起，视频压缩技术的改进以及创新交付机制的出现，增加了传统教育方式系统性崩塌的可能性。不过，总会有人选择读两年或四年制的大学，在那里获得独特的生活体验，结识一些新朋友，发现自己的激情所在。实体校园荟萃了高质量的教育师资，在一段时间内仍将是学生们获得教育的理想之地。但是，新的在线模式正以可怕的速度奔袭。

亚利桑那州立大学的转型

面对挑战，一小部分学校正在率先推行新的强力增长策略，为更多学生更有效地提供负担得起的教育，其中一个例子就是亚利桑那州立大学（Arizona State University）。2002 年，迈克尔·克罗（Michael Crow）出任亚利桑那州立大学校长后发起了一项全面转型计划。亚利桑那州立大学历来以其悠然的文化氛围而闻名，但在学术方面并不知名。按照转型计划，学校对学科研究的投入翻了两番（师资规模不变），并重点发展亚利桑那州立大学地理位置特有的优势领域，例如水务、资源管理及太阳能技术。

根据美国国家科学基金会 2016 年报告，2005 年至 2014 年，在美国 600 多所大学按照研究经费排名名单中，亚利桑那州立大学的排名从 2005 年的第 84 位飙升至 2014 年的第 49 位。亚利桑那州立大学利用技术从根本上改变了其传统的校园教育计划。例如，在 2007 年推出了由数据驱动的先进咨询平台 eAdvsior，并与创新公司（如领先的教育数据分析公司 Knewton 和教育技术平台的顶级提供商培生）建立了多种合作伙伴关系。

在亚利桑那州立大学开展这些工作的同时，许多领先的大学也开始了在线教育，他们开放知名教授的大规模在线公开课程，而亚利桑那州立大学独辟蹊径，在 2009 年推出了一个独立的运营部门——亚利桑那州立大学 EdPlus，专门致力于在线提供定制的学位课程。EdPlus 使用最初授权在校学生在线扩展课程模块的平台，在线上提供官方认可的学历教育。从 2009 年到 2016 年，EdPlus 的学生从

400 名增加到 26 000 多名。

在总结亚利桑那州立大学与众不同的增长模式时，克罗校长并未严格区分线上和线下教育。他强调的是技术如何在 4 个"教育领域"中发挥不同的作用：首先是在校学习领域，学校通过一百多个数字合作伙伴使这一领域得到加强。第二个是克罗校长所说的"通过在线技术增强的数字沉浸"领域，亚利桑那州立大学提供了"同样的师资队伍、同样的研究材料、同样的试验室、图书馆，包括执行的每项任务、进行的每项活动，找到了从技术上将其链接到 140 个学位项目的方法。"第三个是"全数字沉浸式"领域，使用"开放式技术打破了班级规模的限制"，该领域的第一个项目是推出了拥有大约 20 万名学生的全球新生学院。第四个领域是"探索式教育"，尝试模糊游戏与教育之间的界线。克罗说："你玩过《模拟城市》（SimCity）《模拟蚂蚁》（SimAnt）和《孢子》（Spore）等游戏对吗？你可以尽情想象，在这里的学习就是玩游戏，玩到最后，你就已经掌握了大学水平的化学、生物学和物理学知识。"

亚利桑那州立大学还利用技术锁定那些非传统意义上的生源，这些人此前几乎无缘亲身踏足校园。2014 年，学校宣布与星巴克达成一项协议，允许星巴克咖啡师通过该项目免费获得学位。预计到 2025 年，星巴克将为 2.5 万名员工提供通过该项目获得学位的学费支持。

克罗说："在美国的一些大公司中，有一种整体趋势，即创造财富的资本家也可以发展人力资本、可以提升并维持自然资本。星巴克就是这样一家想为其公司和社区提升人力资本的公司。我们承诺将帮助其 2.5 万名读过大学但未大学毕业生的美国员工完成学业，其中有 6000 人将通过免费学习我们的在线课程取得毕业。现在这个数字正在不断增长。事实上，有多达半数的人读过大学但没有完成学业，因此也没能取得学位。"

杨百翰大学爱达荷分校的创新

2006 年，杨百翰大学爱达荷分校校长金·克拉克（Kim Clark）邀请本书的合著者克拉克·吉尔伯特创立了在线学习机构。在 2006 年至 2009 年之间，吉尔伯特的领导团队建立了一个在线学习组织，允许学生学习定向培养技能并获得证书和副学士学位，其校内教育继续专注于提供学士学位。

2009 年，杨百翰大学爱达荷分校启动了帮助学生为升入大学做好准备的桥梁课程（Pathway），指导学生怎样学习、怎样写好简历，怎样理财。该课程为期一年，采取互动式的、基于团队的在线课程与世界各地面对面的小组聚会相结合的方式，从 3 个试点地区 50 名学生开始，到 2016 年，已发展到数万名学生，在全球 400 个地方设点。截至 2016 年，杨百翰大学爱达荷分校的在线学位课程总计拥有 3.5 万名学生，超过了其传统住校就读的 3 万名学生。

南新罕布什尔大学的颠覆式教育

南新罕布什尔大学（Southern New Hampshire University）是美国高校林立的东海岸地区将教育推向颠覆性新方向的典型。在保罗·勒·布朗（Paul Le Blanc）校长的指导下，南新罕布什尔大学积极扩展了学校的在线课程，使原来的边缘课程变成了学校的核心课程。

南新罕布什尔大学于 1995 年创立了在线教育项目，该项目经过 10 年的缓慢发展，在随后的 10 年间呈现出爆发式增长。到 2014 年，南新罕布什尔大学的学生约有 80% 完全在线学习，校园全日制学生不到 5%。2014 年，南新罕布什尔大学成立了专注于技能培养的在线机构，让学生通过展现专业能力和职业素质取得竞争优势。

这里介绍的三所学校对于美国庞大的高等教育体系来说只是冰山一角，但它们通过寻找新方法服务那些没有被核心产品满足的客户，以此展示了创造新增长的力量。

转型 B 成功的秘诀

几年前，我们建立了一个数据库，着重分析了所有重大颠覆性发展案例。从 1950 年到 1980 年，颠覆性创新是由初创公司主导的。初创公司大约在此期间推出了 85% 的颠覆性产品。但在过去几年中，趋势发生了变化，自 2000 年以来，大约 40% 的颠覆性创新是由大公司推动的。

对这种变化合理的解释就是，对颠覆性变革案例记录得越多，对颠覆性变革的标志越了解，并懂得如何在内部应对，大公司也就越有可能抓住机会。

转型 B 是寻找解决不同问题的新方法。所以其成功的关键在于确定目标客户一直想要解决但没有解决的问题，在组织内部调整商业模式提高竞争力，利用合作伙伴关系、收购及外聘等办法，加速发展在新的竞争环境中取胜所需的能力。

识别受限的市场

颠覆之所以会扩大市场是因为颠覆使复杂的东西变得简单，使昂贵的东西变得实惠，从而打破了过去市场的各种限制条件。想要发现转型 B 的机会，就需要找到重要客户群体想要解决但由于缺乏技能、金钱或时间而一直未能解决的问题。

美国的高等教育就是典型的受限市场。亚利桑那州立大学、杨百翰大学爱达荷分校和南新罕布什尔大学过去都只能为那些付得起学费、有足够的时间到学校上课的人提供教育，而在线学习使这些教育机构提供的教育更加便利实惠。

美国的医疗保健行业也是一个典型的受限市场。有些健康状况人们可以自行诊断处理，但在大多数情况下，人们必须求助于专业人士。因为仅靠培训是不够的，医疗保健专业人员要靠复杂的测试来确定最佳的医疗干预方案。大多数成熟社区普遍设有家庭医生（以前称为全科医生），但是，看全科医生需要漫长的等待，就诊时间却往往一闪而过。专科医生更难找到了，他们的时间更为紧张，而且聚集在少数医疗设施集中的地方。

当然，随着技术的进步，这种情况正在改变。许多患者在就诊时都带着被医生们戏称为"谷歌医生"的建议而来。有些医疗网站也允许个人分享解决疑难杂症的非正统方法。随着无线解决方案的普及和处理能力的提高，嵌入式及可穿戴技术将越来越多地支持自我诊断及处理。

技术的发展消除了过去受限市场的壁垒，医疗保健行业正处于全系统颠覆的边缘，这种颠覆性增长的机会和需求都是巨大的。在美国，人们在医疗保健上的花费比在其他任何国家都多得多，但是其医疗并没有产生很好的效果，患者的满意度也不高。因此，将医疗保健服务设在可以降低系统成本的地方，同时通过增加便利性提高患者的满意度将是一个创造。

沃尔格林公司（Walgreens）就是一家寻求利用颠覆创造新机会的公司。1901 年，老查尔斯·R. 沃尔格林（Charles R. Walgreen Sr.）开设了第一家药店，店面只有大约 15 米长、6 米宽，至 1984 年，沃尔格林已经发展到了 1000 家店面的规模并加快了扩张的步伐，于 1996 年开设了它的第 6000 家店面。

进取扩张的策略成就了沃尔格林公司，他们不仅销售处方药和非处方药，还销售零食和家庭护理用品，它用了 40 年的时间从一家中等规模的公司发展成了美国前 50 最大的公司之一。超过 75% 的美国人住所离最近的沃尔格林药店不超过 5 英里（约 8000 米），因此，公司未来的增长需要另辟蹊径。此外，在线购物的兴起为全新的竞争者打开了大门。当然，沃尔格林公司可以设法拓展传统的本地市场来实现增长。2012 年，沃尔格林公司购买了总部位于瑞士的联合博姿公司（Alliance Boots）45% 的股份，该公司在 20 几个国家及地区开展业务，并于 2014 年完全并入沃尔格林公司。此外，公司还能规划出其他的增长途径吗？

从 2009 年开始，沃尔格林公司在 CEO 格里高里·沃森（Gregory Wasson）的领导下，公司制定了一项以"快乐健康的角落"为主题的战略。转型 A 的战略之一是重新定位公司 27 000 位药剂师的职责。药剂师通常只专注于处理文书、保险及配药等幕后任务。在创新视点公司及艾迪欧公司（IDEO，全球顶尖的创新设计公司）的帮助下，沃尔格林公司通过设置半私密的空间消除了药剂师与患者之间的隔阂，医患双方可以直接探讨病情，患者得到了更好的治疗，复诊次数增加，对药剂师工作满意度随之上升。

面对美国医疗保健行业陷入困境的现状，沃尔格林公司采取的转型 B 方案则将其门店转变为医疗保健的第一道防线。沃尔格林的优势在于它有着 8000 多家店面供人们购买处方药和其他日用品。店里的医疗基础设施可以解决简单的常见病症，例如链球菌性咽喉炎、流感和耳部感染，防止病人直接涌向基层医疗机构，造成人满为患；同时，为患有慢性疾病（例如高血压或糖尿病）的患者提供常规的监测和面对面的咨询。转型后的沃尔格林拥有 400 家诊所，配备了训练有素的专业人员，可以为人们提供低价便捷的基本医疗服务。

沃尔格林所采取的措施并不是每个都能奏效，特别是与 Theranos 公司的合作，这是一家被热炒的初创公司，鼓吹其单滴血液诊断比业内传统领先机构的诊断更快、更便宜。虽然这次合作最终并没有成功，但沃尔格林无疑将继续探索其他途径，将医疗保健从医院和家庭拉到它的零售店面。

识别消费障碍

本章开头的媒体行业案例证明了克服消费障碍的力量。大多数人都认为谷歌是搜索引擎，但其核心业务却是广告。其关键字广告（AdWords）项目允许公司客户对关键字出价，并将广告与使用这些关键字的用户搜索关联起来。谷歌的"自己动手（DIY）"拍卖模式向小企业开放广告，而此前的报纸或电视广告等广告媒介对于他们来说，要么太复杂，要么太昂贵。易趣公司看到查找稀有收藏品的费时费力，于是把它变成一键直达的线上交易。在 Facebook 之前，人们是如何分享个人近况的呢？人们需要打一堆电话，拍一堆照片、冲洗好然后分发出去，即使在近几年前，我们也只能发大量电子邮件来分享信息。在每一个案例中，让复杂的事情变得简单，让昂贵的东西变得实惠，都大大增加了消费。

我们在另一本书《创新者的成长指南》（The Innovator's Guide to Growth）中，建议你进行系统分析，找出阻碍消费的因素。比如，你可以从以下几个方面来考虑。

- 消费金字塔，按照财富或企业规模观察消费情况，关注大型企业或富裕家庭不成比例的支出。如果消费集中在少数购买者手中，则有机会通过简化来发展市场。
- 商品或服务的消费链，消费链可显示客户获取产品或服务的步骤，并揭示在哪个环节需要专门技术才能解决问题。能从消费链中拿出任何一个环节都可推动新增长的机会。
- 消费地图，显示消费发生的时间和地点。当消费仅限于发生在一天中的某些时段或特定位置的时候，颠覆者可以通过扩展其可及性来推动增长。

当心非消费错觉

当你关注"不消费"的现象时，会发现人们不消费的真正原因要么是他们对问题不太在意，要么是他们已经找到了完美的解决方案。并非所有的"空白"都需要被填充，并且某些"蓝海"由于某种原因尽人皆知。

　　在创立 ChoiceMed 的业务时，我们买到了这个惨痛的教训。如果你有机会走进新加坡的医院，一定会被其高端品质所折服。正如斯科特·安东尼在 2011 年 8 月所经历的那样，当时他在那里迎来了第三个孩子的出世，当地的医生来自世界上最好的学校，医院内极其干净，拥有现代化的医疗设备。美国每年用于医疗保健的花费几乎占国内生产总值的 20%，而新加坡只花费大约 5%，而且新加坡人的平均寿命比美国人还长 8 年。

　　ChoiceMed 的理念是，在美国寻找打算接受选择性手术（比如膝关节或髋关节置换）的人，安排他们到新加坡做手术，术后住进六星级酒店休养，然后再飞回美国，还能为患者节省数千美元的费用。一些潜在客户告诉我们，他们也是这么想的，并且承诺将踊跃报名。在积极反馈的鼓舞下，我们筹集了几十万美元，并开始认真工作，以获得我们的第一个付费客户。之后，我们去"前景广阔"的地方——佛罗里达州的退休社区举办了研讨会。

　　结果如何呢？根本没有人露面。事实证明，当他们面对要乘坐飞机飞行近一万英里（约 1.6 万公里），到一个他们大多数人从未听说过的地方时，那些嘴上说说的兴趣就烟消云散了。

　　未来行为的最佳预测指标是过去的行为。如果人们花费大量的时间和金钱来解决问题，这是一个很好的信号，他们将欢迎更便宜更便利的解决方案。如果他们嘴上说问题对他们很重要，但其行为却相反，那你就难办了。

迭代开发商业模式

　　在第一章，我们的建议是积极进取执行转型 A。建议最好采取反复迭代、以边测试边学习的方法完成转型 B。需要谨记的是，在转型 A 当中，"做什么"并没有实质性的改变，市场仍然存在，需要改变的只是如何实现转型目标的具体方式。而转型 B 则不同，"做什么"和"怎么做"，两个变量都在起作用，因此要采取更为审慎的商品化道路。

以施乐公司开发服务业务时所采用的方法为例，2001年，施乐公司同意投资1亿美元建立XGS业务（施乐全球服务）。XGS在成立之初主要业务是文档管理。借由施乐公司庞大的销售队伍和强大的品牌，公司有条件直接与顶端企业的高层领导联络，因此获得了为医疗保健公司百特国际公司（Baxter International）等知名组织服务的良机。后来，施乐公司又收购了吉姆·乔伊斯（Jim Joyce）的小型IT服务公司，乔伊斯也随之加入了施乐公司，领导XGS开始收购更多的小公司推动进一步的流程自动化服务。

早期的小规模成功使施乐公司敢于大胆投注，2009年以超过60亿美元的价格收购了ACS（联盟计算机服务公司）。一夜之间，作为施乐公司小业务的XGS变成了30亿美元的大生意，拥有8万多名员工。凭借施乐公司的研发实力以及强大的品牌，XGS赢得了宝洁和陶氏化学（Dow Chemical）等大公司的信任，使他们签署了使用XGS领先解决方案的长期合作协议。

请注意，施乐公司并不是一开始就在ACS上豪掷数十亿美元。而是先在市场上进行了一系列小型的试验来求证自己在服务领域是否有机会，其中许多试验并不成功，但也有足够多的成功试验让施乐公司确信正朝着正确的方向发展。施乐验证了"做什么"及"怎么做"的可持续方法，之后对ACS的收购极大加速了公司的增长。

不是靠分析，而是通过行动来发现创新路径，这一点至关重要。每一个创造新增长的想法都有其正确和错误的部分，问题是你不知道哪一部分是对的。多数大公司面临问题的默认解决方式，是通过分析寻求真理。他们采访潜在客户、制定详细的预测、采访专家、进行内部讨论以达成一致。然后才启动自认为完美的计划。但是，他们不可避免地会买到教训，正如拳击手迈克·泰森（Mike Tyson）教给我们的人生经验："每个人都有一个计划，直到被人打脸。"纸面上无懈可击的计划基于不可靠的假设时，创新者就会被打脸。的确，没有哪个商业计划能够在市场上一举成功。

成功的创新者会通过严谨的试验巧妙地管理风险。在莱特兄弟建造飞机之前，他们先是用风筝做试验。用风筝的妙处在于即便坠落也没有人会受伤。为了优化风筝的性能，莱特兄弟建造了一条简单的风洞，这使试验变得更加容易。在过去的十年间，涌现出很多有利于设计试验的工具，使试验的成本迅速下降。在以下图书中可以找到实用的工具包，包括史蒂夫·布兰克（Steve Blank）的《四步创业法》（*Four Steps to the Epiphany*），埃里克·莱斯（Eric Ries）的《精益创业》（*Lean Startup*）和本书合著者斯科特·安东尼的《最初一英里》（*The First Mile*）等，可以帮助你系统地降低创新想法的风险，其背后的基本思想，都是将科学的方法应用于战略不确定性的场景。

为了解释这一过程，《最初一英里》使用了两个缩写词。第一个是 DEFT，代表记录（Document）、评估（Evaluate）、专注（Focus）和测试（Test）。首先是详细地记录下你的想法，确保你已经仔细考虑了所有的组成部分，然后用多个视角对其评估，识别不确定因素及薄弱环节，专注于最关键的领域，最后严格测试并迅速调适。

第二个缩写词 HOPE 与测试过程有关。当你进行创新时，要像一位优秀的科学家那样从一个假设开始设计实验。确保实验有明确的目标（为什么做这个试验以及希望得出什么结论）。即使你不知道正确的答案，也要做出预测。最后，要以能衡量预测的方式执行实验，例如运行所谓的 A/B 测试，在测试中可以改变单个因素。需要再次重申，你无法做到完全确定，但可以遵循 HOPE 模式进行测试：假设（Hypothesis）、目标（Objctive）、预测（Prediction）和执行计划（Execution Plan）。

做好这项工作就是给业务来个逆向工程。与其收集历史数据推断未来，不如先来断定一个好的创新理念是什么样，带来什么样的收入？什么样的净收入水平能带来可察觉的变化？需要多大的成本才能让模式前后连贯？然后确定让这些答案变得可行所需的假设。这是成功管理转型 B 最有力的工具之一。

风险投资家对这种方法应当了如指掌，他们深知任何财务预测都只是猜测。正如吉尔伯特和马特·埃林（Matt Eyring）在 2010 年《哈佛商业评论》（*Harvard Business Review*）共同发表的文章所述，创新者应当尽快解决对其业务影响最大的那些风险。首先关注"交易杀手"，因为它们关乎交易的成败。其次，当答案对业务的多个方面都有重大影响时，还要关注"枢轴点"。例如，向消费者销售产品的企业与向政府销售产品的企业截然不同，搞清楚创新想法的商品化途径至关重要。还有一点叫作"信心增强器"，这不会产生什么特大影响，但是会增强团队成员对他们朝着正确方向前进的信心。

迭代开发的概念符合进军"白地"的一般指导原则，但不要急于求成。公司冒险进入与核心业务联系不紧密的市场，就会陷入困境，若干审慎的案例研究都揭示了这一点。不妨先寻找一个落脚点，在冒险进入新空间时，能在原来的空间留有立足之地，前后一致的到达路径能将风险降到最低。

通过收购及外聘提速能力开发

寻求转型 B 的公司需要评估新的竞争对手。如果你的竞争对手没有改变，表明你们的拓展程度远远不够。比如，亚马逊在其核心的零售业务中，竞争对手是沃尔玛和巴诺书店（Barnes & Noble）等其他零售商；而亚马逊的云计算业务的竞争对手则完全不同，其竞争对手则是印孚瑟斯（Infosys）、埃森哲（Accenture）、微软 IBM 等公司。与不同的竞争对手进入新市场所面临的挑战容易被低估，特别是颠覆性环境中的对手都是快速进入者。要想胜过这些新的竞争对手，必须认识到自己的组织当前能力的局限，并积极缩小关键能力的差距。

如果时间允许，当然尽可以开发新能力，但是，创新者越来越快的步伐使收购成为成功的关键要素。很多转型 B 的案例都涉及重大的收购或者建立战略合作伙伴关系。新加坡邮政收购了几家公司，并与阿里巴巴建立了战略合作关系；亚利桑那州立大学与纽顿公司（Knewton）建立合作伙伴关系；培生集团和星巴克合作；施乐公司则在 ACS 公司上投下了很大的赌注。

另一个例子是奥多比公司。其转型 A 是从套装软件到订阅式服务的转变，而转型 B 则是从软件向营销服务的转变。奥多比软件的核心购买者都来自广告等创意行业，但是，奥多比的广告业务需要以技术创造解决旧问题的新能力，正如零售商约翰·瓦纳梅克（John Wanamaker）的妙语所言："我花在广告上的钱有一半被浪费了，但问题是我不知道究竟是哪一半。"2009 年，奥多比公司收购了在线营销及网站分析龙头企业 Omniture 公司，将其作为一系列数字营销解决方案的支柱，随后，奥多比公司又收购了 Day Software（2010 年）和 Efficient Frontier（2011 年）等公司。

根据公司规模或转型目标，需要有吞并一连串新公司的能力。以孤岛式创新闻名的苹果公司，力求维护端到端的控制。在 2001 年至 2010 年间，它推出了 iPod、iPhone、iPad、Apple TV 及其零售店，至少进行了 26 桩收购，包括收购移动广告商 Quattro Wireless 振兴其广告业务，收购语音助手 Siri 开发语音识别功能，以及为了增加产品套件收购各种软件公司。

外部招聘是快速注入新能力的另一种方式。吉尔伯特就是这样加速了犹他数字媒体公司转型 B 的增长。传统意义网络版报纸的只是印刷版报纸的在线复制。吉尔伯特与犹他数字媒体公司总裁克里斯·李（Chris Lee）将少数专业新闻与大众新闻混搭，开发出广泛的数字网站组合，其中有些像传统的内容网站，另一些则更多地面向社群，例如面向全球最大的母亲社区之一 Family Share 的多语种 Facebook 页面。针对这些线上读者，犹他管理团队构建了基于人口统计和行为方式的定向广告平台，这是印刷版所没有的内容。

　　更重要的是，犹他数字公司大力多元化其收入来源，进入了不依赖广告的数字化市场。吉尔伯特 2015 年离任时，数字化转型的成功使犹他数字业务为整个犹他媒体公司贡献了一半以上的综合净收入，远高于 2010 年不到 20% 的占比。

　　在组建数字媒体团队时，吉尔伯特尽量避免任用那些在核心业务中成长起来的人。他寻找的是"没有在报社工作过的人"。例如，他雇用了曾在雅虎、Omniture、美国在线（AOL）和 Overstock 等公司工作过的人员，这些人并不比那些在核心业务上的员工更聪明更有才华，但他们在新市场中培养了接地气的直觉。当谷歌和 Facebook 等对手的压力仍然存在时，你更希望派谁参与竞争呢：是曾经销售印刷品和电视广告的老员工，还是在数字里泡大的外来员工？吉尔伯特的口头禅是："数字买家需要数字卖家。"

　　我们的建议是，为了推动转型 B，应当吸纳融合一些"外星人"（将推动你们迈向新方向）和"外交官"（将帮助你们谈判双边关系）。其中"外星人"尤为重要。1962 年，托马斯·库恩（Thomas Kuhn）在其经典著作《科学革命的结构》（*The Structure of Scientific Revolutions*）中强调了范式转变，这种转变总是来自既定的正统观念之外。如果你不引进"外星人"，就不可能推动创新发展。

　　"外交官"们（能与核心人员和"外星人"顺畅沟通，还能调解两者之间的分歧）也至关重要。实现转型 B 的魔法在于，既充分借用核心业务创造竞争优势，又不必面对创新者的窘境（这是第四章的重点）。精明的老将可以帮助组织兼顾这两个方面，因为他知道谁能把事情做好，既能理解"外星人"怪异行为的缘由，又懂得如何影响关键的高管人员。

　　团队动态非常重要，需要谨慎地处理"外星人"和"外交官"之间的平衡。如果"外星人"太多，你们可能很难与核心业务成功对接。如果"外交官"过多，就难以开发出出色的产品，而且很容易陷入搞政治而不是抓业务的风险。

奈飞公司的下一步好棋

奈飞在过去 20 年间取得了无数的成功，对于这样的公司，人们通常不会主动给它提什么建议。然而，透过本书的观点去审视奈飞公司，考虑到它在转变现有业务方面的出色作为，我们认为，奈飞公司有机会在转型 B 战略的基础上，在新市场中创造增长。

在第一章中，我们提到奈飞公司为客户做的核心工作与娱乐有关。随着其核心业务从 DVD 进化到流媒体，奈飞已经发展出完美交付在线内容并且抓取分析客户偏好的能力。如果将这些能力与新兴的颠覆性技术融合在一起，可以撬开哪些新市场呢？

其中一个是基础教育（在美国为 K-12 教育）市场，这是奈飞公司的创始人、CEO 和董事长哈斯廷斯个人偏好的领域。10 年前，我们曾尝试创建 Guantanteach 个性化教育服务，其理念旨在解决教育市场中的根本鸿沟——即每个人的学习方法都不尽相同。但是，要对 K-12 教育进行量身定制非常困难。我们创建了网络平台；教师们可以通过平台提交各个学科的教学短视频，让学生通过简单的测试确定他们偏爱的学习方式：喜欢图片还是文字？喜欢类推法还是分步指导？之后提供定制的教学视频，满足个性化的需求。尽管从理论上讲这是没问题的，而且我们也能够让教师们提交两万多个视频，但实际上我们没能破解高参与度平台的秘密。2011 年，我们把这部分业务卖给了另一家教学机构。

如果奈飞公司大规模推出基于个人偏好定制的极致教育体验产品，那将会是怎样的局面呢？虽然亚利桑那州立大学、杨百翰大学爱达荷分校、南新罕布什尔大学当时的举措正在产生重大的影响，但大规模、极致化、个性化的教育仍然有着巨大的机会。为什么不是奈飞公司来做这件事呢？还记得基努·里维斯（Keanu Reeves）在《黑客帝国》中扮演的角色尼奥（Neo）"插上接口"就学会如何驾驶直升机的场景吗？大家可能觉得这种能力只能存在于科幻小说里，但实际上，一定会有办法可以做到随时按需传授知识，最大限度提高人们的学习能力。教育将从特定生活阶段要完成的事情，转变为真正的终身学习。

进一步设想，如果奈飞公司与 IBM 联手从根本上颠覆医疗保健行业，那又会如何呢？ IBM 的沃森（Watson）平台最广为人知的事是其参与（或控场）美国知名智力竞争节目《危险边缘》，但 IBM 的努力方向是将沃森的超级计算能力用于解决复杂的问题，包括解决难以诊断的健康状况。如果奈飞公司将沃森平台的发现探索及推荐的能力用于帮助人们改变日常行为，过上更健康更幸福的生活，结果会怎样？

教育与医疗保健都是庞大复杂的行业，奈飞需要强大的外部能力才有可能取得成功，但其回报可能相当可观。

小结

新加坡邮政从基本的邮件投递到提供物流及电子商务解决方案，犹他媒体公司从报纸的在线复制品到融社群与市场于一体，亚马逊从零售商转变为 IT 服务公司，亚利桑那州立大学从传统的校园教学转变为在线教学巨头，奥多比从出售软件转向提供营销解决方案。每一家公司都利用了潜在的破坏性趋势，用"独特但相关的方式"解决了"独特但相关的"问题，从而创建了充满活力的新增长业务。总体来说，成功驱动转型 B 需要做好三件事：

1. 识别受限的市场。

2. 迭代开发商业模式，服务新市场。

3. 利用合作伙伴关系，通过收购及外聘，在新的竞争环境中取得成功。

第三章
转型 A-B 之间的能力环

如果你想改变世界，应当选择做什么职业？几年间，我们让来自世界各地的近 5000 人回答这个问题。答案有 5 个选项，大多数人选择了创办公司，约占 35%；其次最受欢迎的选项是成为老师，占 30%；大约 20% 的人选择加入非营利组织；另有 10% 的人认为在事业单位工作是最具影响力的途径（这一点在不同文化中差别不大）；剩下的 5% 选择了加入一家大公司。

人们普遍认为大公司是创新的坟墓。麦肯锡（McKinsey）荣休董事理查德·N. 福斯特（Richard N. Foster）曾在创新视点公司董事会任职 7 年，并帮助发展了本书提及的部分理念，他在 20 世纪 80 年代出版了《创新：进攻者的优势》（*Innovation: The Attacker's Advantage*）一书，封面赫然写着"为什么领先的公司突然被新的竞争对手夺走市场"。20 世纪 90 年代，创新视点公司的联合创始人克里斯坦森出版了《创新者的窘境》一书，开篇即宣称本书将向读者展示"新技术如何导致大公司的失败"。随之，类似图书的标题越来越凄惨。2013 年，戴夫·乌尔默（Dave Ulmer）在《创新者的灭亡》（*The Innovator's Extinction*）一书中详述了他在几家大公司的经验，书的封面广告是怎么说的呢？——"自然选择与美好愿景将如何把你的公司送进坟墓"。

创业孵化机构 Y 联创公司（Y Combinator）的创始人保罗·格雷厄姆（Paul Graham）也有类似说法。Y 联创公司是一家领先的企业孵化器，推动了多宝箱（Dropbox）、爱彼迎（Airbnb）等数百家公司的发展。在总结时代精神方面，格雷厄姆说得最到位，他说："经营一家初创公司就像不断被拳头打在脸上，但是，为一家大公司工作就像'温水煮青蛙'。"

斯科特·安东尼对此深信不疑，2010 年，他举家移居新加坡，此行目的并非将创新试点公司的咨询业务扩展到东南亚（尽管这是他最终所做的事情），而是从咨询业务上"退休"，把目光转向了独立的、致力于孵化并投资初创公司的 Innosight Ventures 公司。如果你想要改变世界，就去寻找那些所谓的"独角兽"——市值超过 10 亿美元的私有公司吧，这才是实现梦想的正确选择，对不对？

两个创业故事

2010 年 10 月，安东尼有过两次截然相反的经历，表明他错误地看待了这个问题，其影响来自搜寻另一种"猛兽"（将规模资产与企业家行为相结合而产生巨大影响的大公司）的经历。

第一个经历，是他听了几个年轻孩子对名为 Plunify 的业务做的简报，他们的基本思路是把程序员所使用的现场可编程门阵列的工具大众化。这是一个很大的市场，有数家至少十亿美元级别的公司已经为颠覆做好了准备。重要的是，安东尼记得这是第一次有人带着具体业务而不是商业计划书来筹集资金。二者有什么不同呢？商业计划书是文字、图片和电子表格，而具体业务则拥有正常运转的网站、客户和收入。Plunify 团队成员只是用了他们父母的信用卡就创建了该业务。

　　几周之后，安东尼去印度东部的杜尔加布尔市考察一个试点项目，项目是创新试点公司咨询团队与全球最大的独立医疗设备制造商美敦力（Medtronic）公司共同创建的。美敦力公司曾向创新视点公司咨询过其起搏器业务在印度市场的相关问题。无论从哪个角度看，印度都应该是美敦力公司的优势市场。比起其他国家，印度人罹患心脏病的数量要多得多。起搏器（一种可植入心脏调节流向心脏的电流的小型装置）可使数百万印度人受益。但是，美敦力公司却在当地市场举步维艰。其实，不用医疗保健专家解释我们也能理解，其原因是大多数印度人需要自掏腰包购买起搏器，而 1000 美元的价位使大多数有需求的患者无法承受。制约增长的因素还不仅仅是产品本身，印度的初级保健市场已经饱和，这意味着许多能从心脏起搏器中受益的病人甚至不知道他们需要它。

　　假以时日，美敦力公司肯定可以用更便宜的起搏器解决价格承受力的问题，但这将需要数年甚至数十年的时间。为了提高起搏器的可及性和可负担程度，该项目团队设计了一种新颖的商业模式，名为“全民健康之心”，并采取了一系列的举措：例如通过广告牌和网站直接面向消费者营销；派出诊疗营小团队，一个下午去一个村庄诊断数百人；与医院磋商简化植入手续，让人们付得起费用；最关键的是，这个模式还包括全世界第一个针对植入式医疗设备的贷款计划。可想而知，如果你为买汽车贷款而未还款，那么贷款方会收回你的汽车；但如果你借钱购买植入式设备未还款，那么收回贷款则是个难题。后来，美敦力公司借鉴小额贷款机构孟加拉乡村银行为低收入消费者提供贷款的办法解决了这个难题。在撰写本书时，该计划已惠及成千上万的患者，为低收入患者提供了数百笔贷款，并且几乎没有出现违约现象。

现有业务的益处

Plunify 的故事似乎证实了大公司创新的无奈。如果年轻人几乎不用花钱就可以使用云解决方案、DIY（自己动手）工具和在线市场来开展业务，大公司该如何竞争呢？如果你看到了早期的 Plunify 网站，还有什么能阻止你复制这项业务吗？你同样也可以使用云解决方案、DIY 工具和在线市场，所以在萌芽阶段时，Plunify 能从竞争对手中脱颖而出并不容易。

创业从未如此简单，复制业务也从未如此简单，这使得有效扩展业务比以往更加困难。尽管成本下降，但初创企业的支出却比以往任何时候都要多，初创企业在获得一点点成功的那一刻起，竞争就开始了。的确，咬牙坚持的公司可以从激烈的竞争中脱颖而出，但这极其艰难，而初创公司又会越来越多地面临各种短期压力，正是这样的压力让大公司难以创新。

对比 Plunify 与"全民健康之心"，即使我们在此描述出美敦力公司所做的每一个细节，你也不可能复制它，因为美敦力公司拥有你没有的东西，其中包括与印度医生和医院的关系、监管审批、现有技术、支持贷款计划的稳健资产负债表、对当地市场的了如指掌等。

这就是现有企业的机会：将难以复制的独特资产与强大的企业家精神相结合推动增长，以大公司的实力加上企业家的活力，就像阿里的拳法——"像蝴蝶一样飘逸，如蜂刺一般凶狠"。

克里斯坦森曾说过一句名言，现有公司要在颠覆中取得成功，唯一的方法就是建立一个在实质上自由的独立组织。我们同意他这个观点，但做到这一点并不容易。你当然可以创建拥有独立团队、系统和结构的衍生公司，但与其那么兴师动众，为什么不干脆把资金交给风险投资公司去投资呢？所有由成熟公司推出的新增长业务，都有着今天与明天之间，用本书的说法，就是在转型 A 与转型 B

之间的衔接点。

关于在新旧业务之间做出区分并精细管理其重叠部分的必要性，人们已经达成共识，但经历过这个过程的人都知道：细节是魔鬼。本章将详细介绍转型方程式的"C"部分——将转型 A 和转型 B 连接起来并将创新者的窘境转化为机遇的能力环。

我们每次向企业描述双重转型的想法时，都会发现转型 A 和转型 B 的概念很容易被接受和采纳，而转型方程式中的"C"则很难解释，也不容易被接受。这可不是好现象，因为这个链环是成功推动双重转型最重要的部分。双重转型不是无关的多元化，而是要经过深思熟虑，符合逻辑地切入到过去很难开展的甚至是不存在的市场。

建立能力环的困难在于需要谨慎地保持转型 A 与转型 B 之间的平衡。如果将转型 A 和转型 B 联系得过于紧密，那么现有业务的引力意味着最终会复制今天，而不是创造明天。如果将转型 A 和转型 B 截然分开，则会养出营养不良的孤儿，缺乏在艰难世界生存的能力。而如果正确地做到了平衡，就会创造出"不公平的优势"，这是在激烈竞争中赢得胜利所需要的。

要看到本来看不见的东西，做到原本不可能做到的事情，有三个关键。首先，有选择地为能力环存储能力，这些能力将与现有 / 潜在的对手竞争时具备真正"不公平的优势"（相对于那些并不独特或毫无意义的能力）；其次，通过运用结构化的机制（例如，明确的决策或正式的"交流团队"）战略性地管理交流事务；最后，积极地在转型 A 与转型 B 之间调停，作为领导者展现出对转型 B 的强烈倾向。

慎选能力

一个解释能力环的比喻，是将其视为宇宙飞船或潜艇中的气闸舱，它是与外门之间的通道。离开宇宙飞船时，首先要进入气闸舱，关闭身后的门，选择好装备，然后退出飞船。回来的时候，你要更换装备，关上通往外部的门，消毒后小心翼翼地重新进入飞船。气闸舱创造了一个安全的空间，用来拦截传染物、水或太空真空的吸力，以免它们损坏飞船。

飞船空间有限，因此谨慎选择存放在气闸舱的设备十分重要。同样，在能力环中储备的组织能力也应该仔细选择。有个简单的问题可指导这一选择：在推动转型 B 方面，能真正给你们带来竞争优势的是什么？

当吉尔伯特开始为犹他媒体公司建立数字化平台时，有三项能力至关重要。第一，传统记者所制作的内容可以为数字读者重新利用；第二，犹他媒体公司的企业品牌及其组织联系有助于吸引消费者和广告商；第三，有关客户的数据及阅读与购买行为，可以帮助公司创建的专门的数字业务销售团队。

组织常犯的错误是在不同的业务之间随意借用能力，因为这些能力是现成的，而且不用花钱。如果某一项能力无法创造真正的竞争优势，那就要当心了。核心业务的能力可能无法帮助组织在转型 B 中获胜，转型 A 的能力也有可能实际上损害转型 B 的努力。为什么犹他媒体公司不干脆使用已有的销售人员去销售数字化广告呢？原因之一就是经济模式不同。对于传统媒体来说，最好的销售代表会整页推销彩色广告，以几万美元的价格卖给少数传统的广告主顾。而达到线上广告的销售目标，可能要找几百个只愿意支付几百美元的广告主顾。

这是个两难问题。如果把激励措施从现有业务中拿掉，则会加速其下滑，并威胁到支持未来投资的利润来源；如果不将注意力从今天的业务中转移出去，就会错过参与明天利润风口的机会。回想吉尔伯特说过的口头禅："数字买家需要数字卖家。"数字广告越来越需要掌握复杂的算法，并需要与新兴生态系统的参与者互动，例如不断更新价格的实时出价平台。传统的销售代表缺乏与分析能力更强的买家建立良好关系，他们还缺乏与这些买家建立联系并为其提供服务的技能和培训。

犹他媒体管理团队所谓的"11 楼的寓言"值得深思：一家领先的汽车经销商暂停了在犹他媒体投放广告。当他们的 CEO 重新启动这项合作时，犹他媒体公司的传统销售团队的销售经理建议策划一个广告活动。那位 CEO 说，凡是数字广告投放都需要与在 11 楼办公的数字业务团队合作。吉尔伯特回忆说："我们的销售经理从未听说过 11 楼，当然也从未去过 11 楼。""你可以打赌，我们的数字业务竞争对手们肯定对 11 楼特别熟悉。这是我们公司为转型 B 组建单独的数字业务销售团队的转折点。"

传统意义上建立"销售队伍"的范式与在线销售领先者获胜的方式也是背道而驰。当年谷歌基于搜索的广告方式开始流行时，许多报纸高管表示"并不担心"，因为他们拥有谷歌所没有的东西——即在当地市场上站稳了脚跟。但谷歌的一大优势是自助服务平台，使小企业主可以自定义广告。例如，创新试点公司是谷歌十多年的客户了，但却没有谁与谷歌的员工进行过任何交谈。

吉尔伯特曾尝试整合犹他媒体公司的销售队伍，他发现，即便 A 业务的销售人员能够达成传统产品对传统客户的销售目标，但他向新客户提供新产品的业绩却始终低于计划的 15%~20%。他曾对一位传统的销售主管说："如果你是一名企业家，你的销售队伍一直不能达成销售计划，你会怎么做？"那位主管的回答是：会开除他们并雇用新人。这正是吉尔伯特和他的领导团队最终做的——拿走传统销售团队对 B 业务的责任，交给单独的数字业务销售团队去做。新团队的业绩即刻就增长了两倍。吉尔伯特回顾道："当我们把 B 业务从 A 业务销售负责人那里拿走时，他认为我们犯了一个大错，不仅威胁了他的领导地位，而且对公司不利。即使现在数字业务销售已经超过了传统业务的销售，但他仍然认为我们错了，世界观的顽固程度真是不可估量。"

看似免费的现有资源可能会导致隐性的成本或局限，甚至诸如预测表格和演示模板也都带有核心业务的 DNA。例如，加州大学洛杉矶分校的教授理查德·P. 鲁梅尔特（Richard P. Rumelt）在他的《好战略，坏战略》（*Good Strategy/Bad Strategy*）一书中分析了美国在 20 世纪 70 年代末放松对航空市场的管制后不久，长途票价会下降而短途票价会增加。但美国大陆航空公司使用的规划模型却得出相反的结论，因此公司计划在大型长途飞机上进行大量投资。

鲁梅尔特进一步研究发现，该公司规划人员使用的是波音公司提供的工具 Boeing Planner，该工具在监管行业委员会协商票价方面发挥了作用。鲁梅尔特写道："这一预测与竞争、供应、需求、产能或市场规律无关。""这个工具就是在成本上加价。它'预测'的是监管者在制定票价时做什么。波音的规划工具很好，但它不是票价预测器，除非你有自己的监管机构"。

当思考关键能力时，可以是有形的东西，比如技术、内部专家、品牌或商店；也可以是无形的存在，如产品开发、制造或与监管机构合作的能力。列举这些能力不难，但真正了解哪个是独特能力并不简单。因为我们总会受到一些偏见的困扰，限制我们准确评估优缺点的能力，这也解释了为什么 90% 的驾驶员都认为自己的驾驶技术高于平均水平。当我们问大多数公司是什么使他们在业务上取胜时，最常见的回答是"我们的品牌"。如果接着问一句最近哪个创新公司想要获得你们品牌的授权，典型的答案是："从来没有"；或者询问他们估计的"净推荐值"，典型的回答是："那是什么？"或者回答"是负数"。另一个竞争优势通常是规模。但规模虽然可以创造巨大的优势，但也可能带来不利的影响，例如决策过程拖沓或欠缺灵活性。

在互联网繁荣时期，英特尔（Intel）公司和思爱普（SAP）公司合资成立了

Pandesic 公司，旨在融合英特尔的处理能力和思爱普的企业资源规划（ERP）软件，以创建新的电子商务企业。该企业的一位高管说："我们是一家蓝筹股创业公司：一切向好，没有风险"。然而，在损失了数亿美元的投资资本后，这家企业倒闭了。Pandesic 公司借用了从其母公司一些资产和能力，进行了大量错误的投资，这些资产固然是为母公司服务的，但对于新的市场机会要么是不需要的，要么是没有帮助的。在新创企业中强加某些资产和能力，反而使"蓝筹"优势成为一种不利因素。

我们与图书发行商讨论双重转型的概念时看到了这一点，当时考虑要不要为数字出版创建一个新部门。当他们听到我们描述了精心管理的能力环时说："哦，新合资企业实际上只是一个混合型组织。"不。转型 B 是独立的实体，具有独立的目标市场和独立的业务模型。只有明确了这一点，B 业务的领导者才能确定 A 业务的哪些能力会成为 B 业务的优势。

要确定能力环中应具备哪些独特的能力，简单的方法是进行角色扮演练习。想象一下 B 业务最大的竞争对手，你们拥有竞争对手羡慕的哪项核心能力呢？如果你雇用了来自竞争对手公司的某个员工，请听一听其真实想法。然后，想象你离开了公司，瞄准 B 转型的机会开了新公司，作为创业者，你会去找以前的公司询问什么核心能力呢？这种角色扮演所产生的外部取向有助于消除偏见，因为即使是最精明的战略家有时也会被偏见所蒙蔽。

在确定了应当在能力中存储的能力之后，需要评估何时应当获得这些能力。从核心业务借鸡生蛋总是令人失望。10 年前，我们与宝洁公司的管理团队合作寻找在尿布产品领域里颠覆性的想法。宝洁公司的品牌之一帮宝适，当时年销售额超过 100 亿美元。探索颠覆性想法的团队提出了很多问题，例如，他们希望为客户解决的问题是否真的很重要；成功会蚕食当前的尿布销量还是会增强这个品类；竞争对手将如何回应等。

为了检验其假设，团队计划进行一次快捷实用的市场测试。但由于想使用帮宝适品牌推出试用版，因此受到一些牵绊，几个委员会需要审查促销文字的外观和感觉，并确保潘通色卡符合全球品牌标准。还有人顾虑如果宝洁公司最终取消了该产品会对品牌产生什么影响。但是毫无疑问，帮宝适品牌如果最终印在产品上，将会促进销售。当然，如果该产品在测试市场上取得了成功，那么借用这个品牌是有道理的，但是在这个开发阶段，所做的一切只会减慢团队的速度。后来，团队没有使用帮宝适的标志，以简装推出了这款产品。了解到这款产品所解决的问题不足以改变客户的行为和购买习惯，团队关闭了该项目，并继续探索其他构想。

创新早于市场几乎不可能，但创新可以高于市场。回答"你们应当拥有哪些独特能力"这个问题，倾听理性的、外部取向的观点，是打赢"不公平之战"的关键起点。

战略管理不同转型的接口

一位客户告诉我们："我们是一家协作程度很高的公司，在追求新的目标时，我们完全相信可以畅所欲言。"没错，人与人之间可以协作，但是系统与系统之间却未必。

为了实现特定的结果，人们通常会优化系统，包括预算、在项目团队之间分配人员、收集客户反馈、创建产品以及评价和奖励员工。显然，系统的优化并未针对不同的结果。成功管理能力环的关键是开发不同的系统，建立交流团队，并转让定价以应对转型 A 和转型 B 之间的对接挑战。

以不同的规则实施转型 A 与转型 B

资产组合管理系统是管理不同业务接口的流行方式。稳健的资产组合管理系统可以清晰地勾勒出不同项目的状况，包括使用同一组标准评估并从同一个桶里获得资金的项目，以及使用不同的标准评估并从不同的桶里获得资金的项目。稳健的资产组合管理系统是双重转型的关键推动力。首先，它有助于确保既定策略与组织实际工作之间的一致性；其次，它可以作为早期预警信号，当一个关键项目落后于进度时会给出提示。最后，它有助于确保将对的资源投入到对的项目中。

我们 2012 年发行的电子书《打造增长工厂》（*Building A Growth Factory*）详细介绍了有效资产组合系统的特征。一个有效的系统，应当做到以下几点。

- 将资产组合分类（例如核心业务改进、邻接业务、转型 A 和转型 B）。
- 全面涵盖公司或业务部门的增长思路。
- 提供近乎实时的数据，以便高管及时获得信息进行决策。
- 拥有多峰数据，同时采用定量和定性指标。
- 在一定程度上实现自动化，无须大量干预即可收集信息。

另一个独特系统转型 B 的例子来自一家化工公司。为了快速制造出定制产品，该公司希望制订一种新的战略模式快速组合匹配小供应商的材料生产出定制化产品。公司相信其经营规模及处理复杂供应链关系的能力可以打破过去在速度、定制化和价格之间的平衡。执行这一战略，需要供应商资质审核与关系管理部门参与。然而，该组织内部为了安全和规范生产，制定了一套流程和决策标准，对新供应商资格审查需要几个月的时间，这样就抹杀了策略的"快速"目标了。

　　该小组的项目负责人想出了一个"快速通道"方案，让该策略享受类似于迪士尼乐园在特殊情况下允许游客在预定的时间跳到队伍最前面的做法。这家化工公司用一个简单的检查清单对供应商的资质快速审核，审核内容包括：是否曾与另一家大公司合作？流程是否经过第三方审核？公司是否已戓立一定年限或已累计销售产品达到一定数量？当满足这些条件时，潜在的供应商即可通过更简单快捷的资格审查程序。

组建正式交流团队

　　在犹他媒体公司，吉尔伯特将数字媒体业务与传统出版业务截然分开。他深知选择性地嵌入一些核心业务能力将使他们在与数字新玩家的竞争中具备相对优势，有些任务对 A 业务和 B 业务同样有利。因此，他创建了"交流团队"，专门负责处理如下事务：

- 形成统一的编辑标准，确保印刷媒体和数字媒体保持品牌的一致性。
- 为用户生成的内容、列表和第三方策划的内容创建统一的编辑结构，增强一致性。
- 在印刷报纸和数字媒体之间共享内容。
- 整理客户研究，获取新产品开发及销售信息的基本事实和数据。
- 建立"频率比"及首页故事类别的更换规则，显示在线内容在网站上的循环播出速度。
- 创建核心业务导航标签，在印刷产品和在线产品之间创建品牌资产。

　　这些交流团队不是临时的，也不是为了响应转型 A 或转型 B 团队成员随机申请而组建的。相反，这是领导层建立的特定团队，并为其确定了清晰的任务及监管方式。每个团队都有特定的目标收益及可衡量的结果，这些结果不但不会造成转型 A 与转型 B 互相掣肘的风险，还将有助于双方面的业务成功。

这些小型团队由精心挑选的 A 业务与 B 业务的人员组成，例如，共享内容团队有印刷品的编辑、犹他州连线（Deseret Connect）的主管、犹他数字媒体的网流量经理。交流团队可在各个方向上拉通资源，例如印刷业务使用来自数字贡献者网络的报道等。领导层建立的交流团队具有灵活性，团队成员解决问题或制定好可行的共事规则后，各自回到所属的业务团队。

例如，条例式文章的发展（主要以列举数字为特点的文章形式，例如"每位大学生都做过的 17 件出格的事"）就是交流小组行动的结果。转型 B 的数字媒体团队喜欢条例式文章，因为可提高参与度并提供广告资源。转型 A 的传统团队不喜欢条列式文章，因为这像是低质的新闻。交流团队制定指导方针，确保条例式文章不违反关注信仰和家庭的整体品牌定位。例如，一篇条例式文章，详细列出拥有美国最具吸引力的啦啦队学校的清单，这就不符合交流团队制定的指导方针，而另一篇列出最适合家庭观看的电影清单的条例式文章就行得通。

领导交流团队需要一种独特的能力组合，挑战巨大。交流团队的领导者需平衡团队的主动性与服从性，让一些人主动找到解决方案，让另一些人去克服挑战并感受到自身努力的价值（包括在交流团队以及在各自业务团队中所做的努力）。典型的强势领导者会隔离开 A 业务与 B 业务，这会减少信息交流与合作，导致计划的失败。交流团队的负责人需要巧妙地折中，维护团队成员对个人及组织的认同感，化解过于激烈的冲突。但过度服从也会使团队陷入僵局。要在不失去耐心、不陷入情绪化及自我保护的争论中做到这种平衡。

在犹他媒体公司，杰克·汉考克（Jake Hancock）和马特·桑德斯（Matt Sanders）管理着交流团队，处理犹他州连线（犹他媒体公司为降低新闻成本而搭建的低成本平台）与核心报纸业务之间的接口。让非新闻工作者参与制作新闻产品，威胁到传统的新闻工作者，让他们的脆弱感尤其强烈，专职记者们也看到核心报纸业务的工作岗位越来越少。交流团队负责确保犹他州连线以特刊、体育报道和专栏的形式补充核心的新闻报道，而非取而代之。通过一再确认新闻编辑部的独特工作，同时推进犹他州连线的发展，汉考克和桑德斯确保了该计划的成功。

同样，在吉尔伯特成为杨百翰大学爱达荷分校的校长之后，他再次面临双重转型的挑战：转型 A 涉及增强线下的课堂体验，转型 B 涉及急速扩张线上的学习。吉尔伯特组建了专注于课程开发的交流团队。交流团队负责人乔恩·林福德（Jon Linford）花大量时间验证以教师为中心的传统课堂模式，重申校园教师团队继续负责课程学习成果、课程内容和评价，但是，他一再强调新的在线课程在设计和执行在线体验方面的价值。事实证明，一位教授坐在教室前面，身后放着一块黑板，这对在线课程来说是一个糟糕的比喻。实际上，如果在校教师没有经过培训就过多地参与在线课程的设计和教学，学生的体验常常非常糟糕。

总而言之，交流团队负责人应既认可 A 业务的独特优势，又要坚持 B 业务从一开始就作为独立组织的原则。

实行转让定价

基础经济学认为，降低价格会增加需求，而提高价格会降低需求。在我们看来，公司过度借用内部能力的原因之一是这样做看似不用花钱。因此，应对这一挑战的办法，是实行"转让定价"，这实质上是让能力市场化。转型 B 的团队希望人力资源部门帮助制定员工协议？那么占用了其他团队的时间就要给那个团队付费。新业务增长团队希望 IT 部门修改核心系统？那也要付费。大多数公司没有精确计算这些费用，即便如此，借用其他团队的能力产生费用的概念也足以让人思考借用本身是否有意义。

犹他数字业务借用印刷业务的内容也为之付了使用费（数字业务也可以将广

告收入与内容捆绑在一起）。杨百翰大学爱达荷分校将学费收入转入校园预算，支付教师及课程开发交流团队的课时费。

吉尔伯特不喜欢按比例分配固定成本，比如办公室租金，或者新组织没有用到的付费职能。他说：

"A 组织希望 B 组织分担公司所有的固定成本。但如果 B 是一家真正的初创公司，就不应当承担这些成本。如果你赋予首席财务官将成本从 A 业务分配到 B 业务的权利，他会超额分配，即使是所谓'公平'的分配，这一点非常重要。财务人员会说'这不公平，他们受益于免费的租金。'我告诉他们，如果 B 业务不在了，我们仍然要负担这些成本；没有 B 业务，固定成本会更高。一旦 B 业务成熟了，理应分担一些固定成本，但要等到 B 业务过了启动阶段；同时 A 业务也经历了自身的转型，否则 A 业务将会用新业务带来的收入流逃避转型的艰难决定。我们在犹他媒体公司就看到了这种现象，原有团队想转移数字业务的利润，以推迟传统广告业务下滑应做出的艰难选择。让 B 业务独立成长起来，然后让公司领导——而不是 A 业务——决定如何分配——或者不分配——剩余利润。"

积极调停

当你们同时进行转型 A 和转型 B 的工作时，不可避免地会产生冲突。地盘之争和公司之间的口角等许多冲突，但这些冲突大多是因为不同的人想优化不同的业务而产生的正常现象。在双重转型的早期阶段，转型 A 会胜过转型 B。毕竟在这个阶段转型 A 团队的人占大多数，并且也是公司大部分利润的来源。

领导者不可忽视这些冲突。必须及早发现苗头，积极干预，确保它们不会拖慢进度或者导致不理想的结果。第七章和第八章将谈及双重转型的领导者需要准备应对的具体危机，不过我们一般建议领导者应当刻意表现出对转型 B 的强烈偏向，从而抵消组织系统中对新异事物抱有偏见的暗流。

例如，施乐公司在对核心业务部门大幅削减的同时，投资建立了服务部门 XGS。销售人员对于为 XGS 打开方便之门的要求犹豫不决。XGS 的第一次成功是与百特国际公司签订了 6700 万美元的合同，尽管这与典型的复印机销售额相比差距巨大，但仍被认为是侥幸。每次发生谁控制客户问题的争执，安妮·穆尔卡希（2001 年至 2009 年担任 CEO）和她的继任者乌苏拉·伯恩斯都一定会出面支持 XGS 销售团队。伯恩斯说："我不得不亲自打电话交代谁负责哪个客户。我们与《财富》500 强客户的大多数互动，都是有关服务领域的，而不是'你会买一台彩色打印机吗'？"

请注意，伯恩斯在上文中使用的是第一人称。管理能力环不应当由小组或者以分散的形式完成。在犹他媒体公司，这项管理任务是由同时控制两个业务的吉尔伯特与数字部门的负责人克里斯托弗·M. 李（Christopher M. Lee）共同完成的。吉尔伯特说："CEO 必须深入参与，即便在组织中他通常做不到向下深入三个层级。有时，CEO 出面调停要刻意向 B 业务倾斜。"

吉尔伯特明白积极支持交流团队领导者的重要性，因为他们的职位及扮演的角色极具挑战性，对他们最好的支持，就是积极展现同理心。吉尔伯特指出："来自高级主管的理解能够帮助交流团队的领导者扮演好这个艰巨而关键的角色。"

对于那些比吉尔伯特所在的组织大得多的组织，高层领导者的个人参与同样适用。例如，医疗保健及福利巨头安泰保险公司拥有超过 600 亿美元的收入及 5 万名员工，其 CEO 本托里尼推动了积极的双重转型计划，第四章将对其详细讨论。他告诉我们："新项目越重要，变革越重大，CEO 就越应亲力亲为地推动计划。"

小结

将已有业务的能量与创业精神结合，可将创新者的窘境转化为创新者的机遇。能力环是核心业务双重转型框架中的最关键的环节，旨在审慎周全地应对转型 A 与转型 B 结合时遇到的挑战。管理好能力环，要谨记关键的三条原则。

1. 慎选能力。大多数核心业务的能力都不会帮到转型 B，甚而有损转型 B 的努力。牢记吉尔伯特的口头禅：数字买家需要数字卖家。

2. 战略管理。开发系统，建立交流团队并实行转让定价以规避创新者遇到的困境。

3. 积极调停。最高领导层积极地调停转型 A 与转型 B 之间的冲突，并偏向保护转型 B。

第二部分

领导双重转型

2

在第一部分，我们阐述了双重转型的方程式：A+B+C=Δ。接下来的五章内容，将主要介绍让双重转型成功机会最大化的领导行为。

第四章介绍如何发现颠覆性变化的早期迹象，如何在平台着火之前选择踏上双重转型之旅。

第五章将详细介绍"从未来看现在"的思维方式，如何清晰聚焦少数精选的"登月计划"——即结合了公司有待解决的问题、可行的解决方案以及可信的商业模式的计划。

第六章介绍如何避免制约思维的盲点，拥抱探索新领域的好奇心。

第七章探讨面对承诺、冲突及身份危机，如何获得坚定不移的信念。

第八章分享一些领导者对其亲历的双重转型过程的体悟及真知灼见。

第四章
选择的勇气

2010 年，诺基亚董事会任命原微软公司知名高管史蒂芬·埃洛普（Stephen Elop）担任 CEO，这家著名的芬兰公司从未有过外部人士（更别说美国人了）担任 CEO 的先例。但董事会成员们知道，改变诺基亚的核心手机业务需要做一些大胆的事情。当时诺基亚的手机业务仍然势头很强，虽然苹果公司的 iPhone 在大肆宣传，谷歌的安卓操作系统正经历爆炸式增长，但主导着市场的仍然是诺基亚手机。2010 年，诺基亚创下了手机业务的最高纪录，销量超过 1 亿部（到 2012 年，这个数字降至约 2500 万部）。

加入诺基亚工作 6 个月后，埃洛普提出了他对形势的洞见，借鉴了"燃烧的平台"这一隐喻，敦促公司进行根本性的转变。

"一个在北海石油平台工作的人，一天夜里他被一声巨响惊醒，随后，整个石油平台都燃烧起来。片刻之间他就被火焰包围了。他冲出浓烟和高温，在一片混乱中跑向平台边缘。当他从平台边缘向下看时，看到的只有又黑又冷的大西洋，似乎那水都透着不祥，但他只犹豫了几秒钟，他决定跳下去。"

"正常情况下，这个人肯定不会考虑跳入冰冷的水里。但这不是平常的时候，这是平台着火的时刻。他没有葬身大海，获救后他说，是'燃烧的平台'使他的行为发生了根本的变化。现在我们也站在一个'燃烧的平台'上，必须决定如何改变我们的行为。"

当平台真正起火时，你有哪些选择呢：被烧成灰烬，还是跳起来祈祷？这些不是好的战略选择。领导者需要在火花燃起的时刻，或者在看到火花将要燃起并将产生影响的那一刻，有勇气做出选择。

诺基亚的"那一刻"是什么时候呢？事后看来，2007 年苹果手机和安卓平台的进入市场是一个行业分水岭。但让我们回到 2005 年底，摩托罗拉公司和苹果公司合作推出了摩托罗拉 ROKR 手机。（摩托罗拉在 2011 年将其移动业务和宝贵的专利卖给了谷歌，2014 年谷歌又将该部门卖给了联想）。当时，合伙关系似乎是一种成功的结合。尽管摩托罗拉不是手机市场的领头羊，但其标志性的 ROKR 系列薄款手机取得了巨大的成功。苹果公司从蓬勃发展的 iPod 业务中脱颖而出，并在计算机业务中获得了不断增长。但是，双方合作的一款折中产品在市场上失败了。当时广告片吹捧 ROKR 是第一款集成苹果音乐软件（Apple iTunes）的手机，麦当娜（Madonna）和红辣椒乐队（Red Hot Chili Peppers）等流行艺人涌入电话亭，画外音响起来："宝贝，一百首曲子在你口袋里。"

当时苹果公司 CEO 乔布斯对这种合作关系持明显的矛盾态度。在发布会两周后，乔布斯指出："我们把这看作是一种学习，一种尝试的方式。"为了能够制造出简洁优雅的手机，苹果公司申请了多项专利，例如 2004 年（2010 年获得许可）的"电容式触摸屏"专利申请，传言称它会发布 iPod 音乐播放器的视频版本，接下来发生的事大家已经有目共睹了。

企业总是在探索新的市场机会，许多热炒的技术最终可能会以失败告终。领导者面临的根本挑战是：显示颠覆正在发生的数据不够明朗，而一旦到数据一清二楚的时候又为时已晚。这意味着决策不能仅以历史数据为指导，如果被数据带着跑，就只能向后退了。以下三个案例研究，展示了在数据明确之前就敢于做出选择的一些组织。之后，将阐述颠覆性变化的七个预警信号。

奈飞公司

奈飞公司的创立要追溯到哈斯廷斯的一段遭遇，当年他忘了归还《阿波罗13 号》的 DVD，产生了滞纳金，这让他感觉郁闷。他最初的创业想法，只是想让人们可以通过邮件租用并返还影片。随着 DVD 格式的兴起，用信封邮寄，由美国邮政总局（US Postal Service）交付轻而易举，再加上后来采用按月订阅的方式付费（第一章中有详细介绍），这些都给这个创业想法增添了活力。DVD 是奈飞公司最初战略的基石，奈飞公司与 DVD 播放器制造商［例如东芝（Toshiba）和索尼（Sony）］以及电影制片厂合作，推动 DVD 的普及，DVD 被人们广泛使用，从而推动了奈飞公司进入主流。

哈斯廷斯很快开始筹划一个没有 DVD 的世界。他说："邮寄 DVD 从一开始就是一种临时性手段，用它刺激数字网络，建立其他网络基础设施，并且打造品牌。"这番话并非是奈飞公司成功转型后的合理化解释。2008 年，在由创新视点公司举办的 CEO 私人论坛上，哈斯廷斯还补充说："DVD 持续的时间比我们想象的要长。""如果在 1997 年创业的时候你问我，'十年后，人们使用下载式和流媒体服务的比例会怎么样？'我会说'大多数'。但实际上，DVD 继续会有持久的生命力。因此连我都高估了变化的速度。"

奈飞公司早期的挑战，在于商业互联网的网速无法支持良好的用户体验。但是随着时间的推移，光纤、4G 网络和更高速的 Wi-Fi 等已无处不在，加之视频压缩技术的改进，转变的时机已经成熟。2007 年，奈飞公司开始为 DVD 邮件订阅者提供免费的流媒体服务，2009 年推出了仅提供流媒体的服务计划。

当时，奈飞公司的核心业务还在稳健发展。事后看来，转向流媒体视频使奈飞公司加速了增长，领先了竞争对手，把业务扩展到了美国以外的市场。最后一点很关键，如果在全球复制奈飞 DVD 模式的基础设施，其成本肯定会很高。能从根本上切换模式落地其他国家市场的能力极大地加快了奈飞公司的发展。2010 年开始，奈飞公司开始了国际扩张，2016 年，奈飞公司已扩展到将近 200 个国家，美国之外的订户将近占到一半。

但是在当时，这些益处并非显而易见。如果说奈飞公司有什么过人之处，那就是哈斯廷斯及其领导团队太有勇气。奈飞公司在 2011 年宣布要将公司拆分为两部分的计划：一家是奈飞公司，专注于网络流媒体业务；另一家是 Qwikster 公司，专注于邮寄 DVD 的业务。但是，客户还没有为这种激进的转变做好准备，他们对此很抵触。奈飞公司还试图将订阅价格提高 60%，此举彻底激怒了订户，公司一下子失去了 80 万订户，股价在四个月内下跌了 77%。

面对这一管理失误的严重后果，奈飞公司取消了该计划，并决定继续在同一公司为用户提供不同的选择。哈斯廷斯后来承认："我当时最担心的是奈飞公司能否从 DVD 模式的成功过渡到流媒体模式的成功。事后看来，我是站在过去的成功上，陷入了傲慢自大。"

尽管如此，哈斯廷斯坚信奈飞公司的未来将走向流媒体。他在 2011 年说："最终，从长远来看，我们不太可能局限于 DVD 业务，我们深知这一点，这就是为什么我们取名为 Netflix 而不是什么'邮寄 DVD'。"

特纳广播

如果你与打破传统的传奇人物特德·特纳（Ted Turner）创立的公司合作，

即便是在他以 70 多亿美元的价格将公司卖给了时代华纳（Time Warner）的十年之后，你也会遇到一群"大人物"，这并不足以为奇。

一起回到 2006 年，走进特纳娱乐网络公司（TEN）在亚特兰大举行的领导班子会议，你见到的第一个人可能就是拉兹（Laz），他更广为人知的名字是马克·拉扎勒斯（Mark Lazarus），负责特纳娱乐网的业务，包括 TNT、TBS 和卡通频道。拉兹（2011 年离开特纳成为 NBC 体育负责人）能够一针见血切入问题的核心。比如，当咨询团队中有个人提到周五开会家里还有年幼的孩子需要照顾，拉兹的眼睛立刻眯了起来说："你知道你选择了什么行业，对吧？"

接着你会见到"五月之王"（King of May）——史蒂夫·库宁（Steve Koonin），他和在《宋飞正传》（Seinfeld）中扮演纽曼的韦恩·奈特（Wayne Knight）有几分相似。可千万别小看库宁，每年五月是为电视台宣传节目以及争取广告商的决定性时刻，库宁以在这段时间推出成功的节目而享誉业界，包括凯拉·塞吉维克（Kyra Sedgwick）出演的电视剧《罪案终结》（The Closer）。在库宁的右边，你会看到他信任的顾问"戏剧之母"——詹妮弗·多里安（Jennifer Dorian），得此昵称是因为她成功领导 TNT 提出了激励人心的主题标语——"我们懂戏剧"。还有纽约的代表团：身着黑衣，急切等待回到宇宙的中心——曼哈顿的巴里·费舍尔（Barry Fischer）领导的广告销售团队。

我们准备告诉这群精英，他们需要加快步伐转变已经取得巨大成功的模式。

一个简单而强大的商业模式

特德·特纳在 20 世纪 70 年代末成立公司时，认为有线电视网络的发展创造了一种可能性，将有更多的频道进入家庭，不再局限于少数几个大的网络。2000 年，打开特纳的一个频道，很可能会看到重播的警匪悬疑片、泡沫喜剧或者棒球比赛。特纳娱乐网的基本商业模式是成为一个金融中介，一边是拥有内容的工作室，另一边是通过卫星或同轴电缆传送节目的公司，这些公司在业界被称为关联公司或多系统运营商（MSO），向特纳娱乐网支付预包装频道的费用。

广告是电视网络收入一个关键组成部分。内容越有趣，特纳娱乐网吸引的受众就越多，广告商向其支付的费用也就越多。2005 年，特纳娱乐网这两类业务带来的营业收入平分秋色。

特纳娱乐网在内容所有者要求的价格与特纳卖给有线和卫星广播公司以及广告商的价格之间赚取差价。正是这种简单漂亮的商业模式吸引时代华纳在 1996 年以高价收购了这家公司，并让它自主运转，赚取了可观的利润，抵消了时代华纳杂志部门的损失（该部门在 2013 年被剥离）。

在这种环境下，特纳娱乐网遵循线性的战略规划就不足为奇了，即从目前的业务开始，列举出收入和成本逐年的变化，将结果与总体目标比较，作出适当调整。周而复始。

颠覆性挑战

但市场上出现的非线性变化让组织的领导团队不得不思考采用不同的方法。2005 年，查德·赫利（Chad Hurley）、史蒂夫·陈（Steve Chen）和贾德·卡林姆（Jawed Karim）创立了用户可以上传视频短片的公司，并从代指电视机的俚语 "the boob tube" 得到灵感，将自己的公司命名为 "YouTube"。随着 YouTube 网站的猫视频和盗版专业内容人气大涨，搜索之王谷歌公司开始关注到它。2006 年 5 月（YouTube 公司成立不到 12 个月），谷歌以近 20 亿美元的价格将其收购，业界怀疑那些针对对稀奇古怪话题感兴趣的用户推出所谓用户自创的 "长尾" 内容是否会破坏数十年来人们对热门大片的关注。

2006 年第三季度，发生了另一件重要的里程碑事件。成立不到十年的奈飞公司宣布其季度收入已超过 3 亿美元，这意味着奈飞公司有望拥有 10 亿美元的业务。2006 年，大众媒体在高中生和大学生中掀起了一股快速增长的旋风：开始使用现在的"社交网络"。新闻集团（News Corp）70 岁的掌门人鲁伯特·默多克（Rupert Murdoch）斥资 5.8 亿美元收购了社交媒体先驱 Myspace，此举震惊了整个行业，也最终给了当时 24 岁的扎克伯格一份大礼，给了他继续发展 Facebook 的空间。

特纳广播公司本可以从其在报业的兄弟公司那里窥到未来。报纸似乎仍处于稳定的财务基础上，但行业分析师越来越担心这个行业即将陨落。当美国第二大报业公司、《迈阿密先驱报》（Miami Herald）和《圣何塞水星报》（the San Jose Mercury News）的出版商奈特·里德（Knight Ridder）挂牌出售时，几乎没有买家站出来。2006 年，麦克拉奇（McClatchy）以"仅仅" 65 亿美元的价格收购了这家公司（事后看来，这个价格可能高了 10 倍）。

这些趋势在 2006 年对特纳的业务没有产生实质性的影响，但是拉兹和团队担心，他们持续到 2011 年的长期规划工作，有多大程度上靠得住。

地平线上的完美风暴

在与特纳广播公司高管会晤期间，我们分享了为此建立的简单模型及分析结果，模型使用了蒙特·卡洛（Monte Carlo）技术研究数千种情况。鉴于行业的潜在趋势，分析表明特纳娱乐网络将面临巨大的风险，我们称之为"完美风暴"：随着颠覆性内容产品的激增，有线和卫星广播公司将会增强实力，降低特纳娱乐网商业模式的相关性。我们并没有预测到特纳娱乐网的业务会消失，但确实预测到公司有 20% 以上的概率完不成长期计划的目标，从而可能导致特纳娱乐网的母公司考虑采取重组或剥离等激进措施。

特纳娱乐网的领导层同意了对这些预警信号有必要采取积极的应对措施。为了应对行业趋势，特纳娱乐网的领导团队制定了五项关键战略重点，公司将在未来几年中逐项予以付诸实施。

1. 投资原创内容

传奇的"五月之王"（如果真有人能称得上这个名号，那么他一定是有先见之明的行业观察家）走在了行业关键趋势的前面。特纳娱乐网决定与泰勒·派瑞（Tyler Perry）、柯南·奥布莱恩（Conan O'Brien）等名人达成创新交易。例如，在独立电视台成功地进行了10集试播之后，特纳娱乐网订购了派瑞100集的《佩恩一家》（*House of Payne*），这与每年订购12到24集的典型做法截然不同。特纳娱乐网由此赢得了这样的声誉：在这里，明星可以自由地探索创意道路，并有可能保留自己创造的优势。

2. 加强与关联公司的谈判能力

随着有线电视运营商和卫星广播公司的不断合并，特纳娱乐网必须找到确保其议价能力的方法。它独家投资了一系列重大体育赛事的转播权，加强了与美国国家篮球协会、美国职业棒球大联盟季后赛以及NCAA男子大学篮球赛的联系。

3. 做不一样的数字化

特纳娱乐网努力增强其数字化形象。在建立体育图书馆的同时，它还获得了美国职业篮球联赛（NBA）和职业高尔夫球手协会（PGA）数字内容的经营权。

4. 创新广告模式

在时间飞转的狂欢时代，传统的30秒广告片越来越不合时宜。2007年，特纳娱乐网尝试使用TVinContext，利用它将广告与节目或影片中某个特定片段进行匹配。例如，在一场激动人心的汽车追逐赛之后，紧接着就是宝马最新产品的广告。研究表明，这样的搭配对客户的回忆有实质性的影响。此外，特纳娱乐网还尝试了赞助内容及产品植入投放。

5. 创新商业模式

除了销售商业广播时间和从网络运营商那里收取费用，特纳娱乐网还探索了增加收入来源的各种办法，比如利用特纳经典电影品牌和内容库来举办电影节等线下活动，甚至进军实体零售店。

并非特纳所做的一切都很成功，但在 2011 年收看特纳娱乐网的频道时会看到电视台的真正转变——你看到的不再是一遍遍重播勇士队的比赛，而是新鲜的原创节目和重大体育赛事。特纳的在线业务大幅增长，所使用的 TVinContext 也获得了业界的巨大赞誉。

安泰保险

哈佛大学经济学家迈克尔·波特（Michael Porter）在公司战略领域做出了很多贡献，他最具开创性的理论之一是：卓越的业绩源于选择具备五大竞争力（新进入威胁、供应商议价能力、买方的议价能力、现有竞争者威胁和替代品威胁）的行业环境。2011 年，医疗保健公司似乎也受到了波特风的影响。美国的医疗保健支出从 20 世纪 60 年代占国内生产总值的大约 6% 增长至近 20%，这一数字使其他国家的支出相形见绌。

尽管 2010 年美国的《平价医疗法案》有可能对制药及医疗器械公司施加定价压力，却成了保险公司的灵丹妙药。该法案中一个关键条款是，每个美国人都需要购买健康保险，这意味着大约有 5000 万未投保的人将成为目标客户。

安泰保险公司 CEO 本托里尼决定大刀阔斧地进行改革。

从外部来看，这样做的必要性并不显著。在本托里尼于 2010 年 11 月成为 CEO 之前，安泰保险公司经历了 2007—2009 年的经济低迷时期。随着经济的回暖，2011 年，即本托里尼担任 CEO 的第一年，公司净收入比 2009 年增长了近

40%。但是，本托里尼和他的领导团队相信，不可阻挡的力量将导致长期的行业转型。消费者越来越多地使用网络医生及网站提供的信息自助；可穿戴技术为更高级的诊断和远程监控创造了可能性；大数据分析及行为经济学可以改变疾病预防的状况。

在本托里尼及其领导团队对这些大趋势筛选分析之时，三个机会浮出了水面。首先，公司过去是将保险及行政服务业务卖给大公司，再由大公司客户将保险福利提供给员工（从历史上看，1946年，美国将员工健康保险作为公司的可免税费用，许多人都从雇主那里受益）；现在转向直接针对消费者。安泰保险公司开始建立一个面向消费者的市场，让人们购买保险就像在亚马逊网站上买书一样简单。其次，公司帮助医疗保健提供商将基本定价方法从按服务收费改为按价值收费。

对于转型 B，安泰保险公司则致力于为医生和医院提供新的服务。过去安泰保险公司与医疗提供商的唯一关系是提供报销服务。随着技术进步和竞争加剧，安泰保险公司深知医疗提供商需要提高其管理和能力。本托里尼的愿景是通过收购和投资组合起来的 Healthagen 新业务成为新医疗提供商网络的"内置英特尔处理器"。本托里尼宣称，此举的成功将"摧毁我们所知道的保险业"。

本书撰写时，安泰保险公司沿着从根本上转型的道路，从五个方面推进了公司的转型。

- 从专注于定价风险的业务转变为帮助客户管理健康状况。
- 通过帮助消费者做出合理选择，并在其医疗保健消费时提供支持来推动医疗保健产品的"零售化"。
- 使医疗提供商承担风险并实行人口健康管理，在提高医疗质量的同时让人们享受实惠的医疗服务。

- 通过提供高性价比、高质量医疗服务，帮助政府和雇主更好地照顾受益人及客户。
- 帮助医疗提供商将核心业务模式转变为按价值收费。

推动医疗保健行业变革的颠覆性力量，对于保险公司和其他固守老模式的公司是一种"长痛"。正如本托里尼所说，"你可以像钢铁行业一样，假装对颠覆性力量漠不关心，然后希望成为幸存的最后一家企业。或者你可以系统地审视整个价值链。"选择的勇气给了安泰保险公司时间和空间去探索不同的方法、整合对的资源、实现组织的一致性、走在行业根本变革的最前沿。

贝尔托利尼说，CEO 在做出这些选择时至关重要："CEO 的责任是展示未来残酷的现实，然后开始制定组织计划以应对这些现实。"

早期预警信号

对于企业组织，双重转型相当于高侵入性的手术，具有很大的风险，手术可能遭遇失败，还可能伤及元气，给伺机入侵的外敌创造机会。作为一家公司，应当持续探索新的不同的增长途径，但那些尚未面临颠覆性的生存威胁、仍有很大空间去拓展核心业务的公司，应当把主要精力放在核心业务上。

诺基亚的案例凸显了不能贻误时机的重要性。当转型的必要性已经显而易见，成功执行转型的自由度会大大降低。随着核心业务下滑，你自然必须投入大量精力来减轻业务下滑带来的紧迫感、危机感以及明显的僵化。

奈飞公司、特纳娱乐网和安泰保险公司都很好地实现了这种平衡，他们及早努力，既拥有足够的探索空间，又不太早于整个行业的步伐。在上述每个案例中都有充满勇气的领导团队，进行变革的理由并不总是显而易见，特纳娱乐网领导团队了解到颠覆性变化的时候，其核心业务还是如日中天，这种情况相当常见。

转型的种子通常扎根于公司的主流之外，转型早期的发展往往对公司的财务报表影响很小。2005 年，在线市场（例如易趣和分类广告网站 craigslits）和就业网站（例如 Monster 在线招聘网站）已经消除了购买分类广告的必要性，业内都知道，分类广告是大多数报纸的利润来源，购买者出于习惯还是购买报纸，因此报纸公司的利润率仍然很高。

虽然在缺乏可信数据的情况下，凭着直觉也可以做出某些决策，但我们对行业颠覆的历史模式研究能够让我们更清楚地看到即将发生变化的迹象。我们注意到七个预警标志，可以将其分为三个阶段。我们将对这些预警信号进行深入阐述并解释如何识别，探讨它们为什么让克里斯坦森担忧哈佛商学院一流的 MBA 课程前景。

阶段 1：环境

当干旱天气造成大量的自然火灾时，发生森林火灾的可能性更大，破坏力更大。树木之间的距离越近，火势蔓延的可能性就越大。同样，某些初始条件会增加颠覆性变化的可能性。

"过犹不及" 导致客户忠诚度下降

每个成功公司的故事都大同小异——最初进行大量尝试，发现有些事可行，于是就开始落地执行并大肆扩张。

创新者遭遇窘境的误区本质就是什么都想做好——倾听最佳客户的意见、提供最佳的产品和服务、把价格抬到最高、赚取最多的利润、让股票价格飞涨，如此种种就埋下了颠覆性变化的种子。客户说："你们上一款产品已经足够好了，我可以买这个新版本，但是额外的功能对我来说真的不重要，我不想为此多付钱。"这就是"过犹不及"——即提供某种市场无法使用的分级性能。手边的电视遥控器就是一个"过犹不及"的例子，每个按钮都可以出色地工作，但是，你会为一个按钮支付额外的费用吗？未必。当开始出现这种"过犹不及"的情形时，客户的忠诚度就会降低，这就给市场闯入者创造了一种条件，他们会通过更简单、更优惠的解决方案获得客户的青睐。

风险投资家的"心头好"

风险资本家今天投资的"心头好"，可能就是明天的颠覆性变化所在。例如，在20世纪80年代和90年代，创业生态系统大都专注于通信、技术和医疗保健，这些行业在过去20年间成了颠覆的温床。同样，几年前，数据分析、3D打印、可再生能源及金融服务等市场得到了大量的投资。

大多数个体创业公司都会遭遇失败，而获胜的技术则以惊人的方式呈现出来。正如未来学家罗伊·阿玛拉（Roy Amara）指出："我们往往会在短期内高估技术的影响，而在长期内低估技术的影响。"在后记中，我们将更多讨论正在关注的一些特定行业。

阶段2：催化剂

另一种预警信号是那些推动环境从有破坏倾向到开始显现破坏影响的转变的触发事件。

政策变化为闯入者打开了大门

人们常常将政府描绘成创新的阻碍者，这未免有失公平。许多商业创新，互联网、移动技术及无数救生药物，都源于政府研究。有人质疑政府可以减少创新者推动颠覆的动机和能力，但当政府改变规则或将其购买力集中于新的方向时，它可以加快或影响行业变革的步伐。

闯入者以低端的解决方案进入低端或边缘市场

iPhone刚出现的时候，是一台很棒的掌上电脑，但不是一部很棒的手机，与诺基亚手机的性能相比，它的电池寿命及通话质量差得可怜。媒体的第一波数字颠覆者也有着严重的局限性，比如，在奈飞网站上看电影必须等待很长的时间；新媒体商所提供的内容质量与专业报纸杂志的内容相比，简直是贻笑大方；视频网站 YouTube 最初主要播放的就是关于猫的视频。

　　但这并不是说颠覆者档次不高。颠覆者走的是不同的路线，他们追求简单、方便、实惠或低门槛，在性能方面做了一些牺牲。当然他们的首批客户很可能不是来自主流群体，而更可能是需求不高的客户，他们也许是乐于牺牲某些性能换取便宜的价格；也许是本来就缺乏使用现有解决方案的能力或财力的客户；或是更关心新颖性而不是完美性的早期使用者。

　　创新者从这一立足点出发进一步改进产品和服务，满足更广泛的客户群的需求，直到低档的创新完全适合广泛使用。当遵循这种改变游戏规则策略的新公司出现时，就应当引起注意了。

客户习惯及偏好显示变化的迹象

　　客户开始表现出持久的行为变化，就在竞争的格局下为变革打开了大门。例如，改变商业技术市场的一种趋势是企业消费化。员工过去除了使用公司 IT 部门管理的计算机和手机之外别无选择。这些技术相对昂贵而且难以集成到公司的系统中。随着苹果和戴尔等公司提高了产品的可用性并且降低了成本，越来越多的消费者开始自选心仪的设备。这样，那些靠着与企业购买者建立牢固关系取得成功的公司，也就面临着另类竞争对手的冲击。

　　公司常常会忽略这些消费行为的转变，因为它们不是主流客户群体，而是先在市场边缘出现。但仅几年之后，青少年的古怪行为（每分钟发 100 条短信！）就成了主流行为。

阶段 3：影响

直到此时，老牌企业可能仍然感觉自己是安全的。风险投资的影响？也许它将在 10 年之后影响到我们，我们还有的是时间；某个角落的新鲜事？无关紧要；客户行为习惯的改变突然激增？这很严重，但我们有资源、有品牌、有反击的能力。如果在进入第 3 阶段之前以认真的态度做出回应，那么你确实还有足够的时间。但是，如果你没有选择的勇气，则有望见到改变的最后两个警告信号。

强大的竞争者善用颠覆性商业模式

谷歌、亚马逊、奈飞、腾讯，这些都是互联网时代的巨头，每一家都被描绘成高科技公司。的确，技术是每一家公司为客户创造价值的核心，但真正使他们具备强大的全球能力的，是其遵循的商业模式，这让老牌企业难以招架。

在前文描述了传统的销售模式不敌谷歌的广告竞价模式；以及奈飞公司如何摧毁了百视达影像租赁店的主要利润驱动因素——滞纳金；亚马逊如何通过优化供应链颠覆了传统的零售模式，因为下订单之前就先从客户那里收到了钱，使亚马逊核心零售业务的资金周转天数为负数。

腾讯公司的发展模式和大多数同类公司走的路线一样。在线服务商的主要商业模式是吸引受众，然后销售广告。腾讯通过其免费的 QQ 聊天服务吸引了大量用户，它的业务模式建立在微交易上，即客户为了在小游戏中晋级或为 QQ 秀加一条围巾、换一个发型而购买积分。2015 年，该公司的年收入超过了 100 亿美元，其中 75% 以上的收入来自这类小型购买。而通过在微信信息平台嵌入支付业务，腾讯实现了商业模式的多元化。2016 年底，腾讯成为亚洲市值最高的上市公司。

技术可以被复制，但商业模式却具有持续力。当竞争者开发出一种模式，摧毁了之前占主导地位的利润流，以市场领先者无法匹敌的价格发展起来，或者有了由独特的供应商和合伙伙伴构成的整合网络时，颠覆就在眼前了。

领先者在销量减少时削减成本，可能带来收入增速放缓与利润增加并存

也许最为矛盾的，是当老牌企业感受到颠覆带来的痛苦时，并不是那么痛苦。过度增长带来的增长放缓像是行业成熟的自然结果，新兴的破坏者在边缘的市场中成长，他们即使抢走一些客户，抢走的也是老牌企业并不太在意的客户。当高端市场增长放缓，加上客户流失，引来了财务警报时，企业自然会采取措施降低成本。于是分析师称赞他对效率的关注，由此引起股价上涨，这会让领导者确信无须采取系统行动。但当公司没有成本可削减，又想不出如何增加收入的时候，随着破坏力的全面显现，掌声将变为丧钟。

表 4-1 展示了本章 3 个案例中出现的一些早期预警信号，这些信号帮助安泰、奈飞和特纳娱乐网的领导者拿出了变革的勇气。在每一个案例中，相关公司都在颠覆性商业模式及相应负面财务影响出现之前就做出了响应。

表 4-1　三家公司面临的颠覆早期预警信号

早期预警信号	安泰（2010 年）	奈飞（2008 年）	特纳（2007 年）
客户忠诚度变化	无实质影响，但保险公司通常也并非被"爱"的品牌	无实质影响	频道激增导致收视率下降
风险投资形势	医疗卫生信息技术已被大力资助了 10 多年	新的内容模式已得到积极的资助	新的内容模式已得到积极的资助
政策变化	平价医疗法案	无实质变化	无实质变化
边缘地带出现颠覆者	谷歌和微软试图建立电子病历，新的线上保险模式	YouTube、Hulu 和其他新兴的在线流媒体服务	奈飞、YouTube 和 Facebook 的初期存在
顾客习惯变化	客户利用网络诊断；经济衰退后的成本意识	边缘客户用笔记本电脑和手机看高带宽网络内容，不看电视	边缘客户用笔记本电脑和手机看高带宽网络内容，不看电视
竞争者商业模式	尚不可行	尚不可行	尚不可行
财务影响	无实质影响	无实质影响	无实质影响

如何发现早期预警信号

颠覆性变化的七个信号是准确无误的，但并不总是容易被看到。我们用五项提示帮助你发现这些早期预警信号。

关注外围

外围是指你所在行业的边缘，可能包括极端的客户群，例如那些要求苛刻的客户群；或者表现不挑剔的客户群，包括因为缺乏能力、财力或技巧而被拒之门外的人，还可能包括爱玩的青少年和黑客。在企业对企业（business-to-business）模式的业务中，可能包括较小的企业，或者市场较差的企业。所谓"外围"，会出现在全球创新热点之地，例如硅谷、上海、柏林和伦敦，那里的新企业如雨后春笋般涌现，早期接受者迅速激增。正如传奇科幻小说家威廉·吉布森（William Gibson）所说："未来已来，只是分布不均。"

防微杜渐

在 2005 年给特纳娱乐网的简报中，斯科特·安东尼强调了视频网站 YouTube 的颠覆性潜力，一位听众评论道："YouTube 很棒，但如果你把所有人在上面看过的视频加起来，还不如周二晚上黄金时段收视率最低的节目。"2005 年时确实可以这样说，但 2010 年这样说就不靠谱了，2016 年就肯定不对了。

任何快速增长的事物都值得关注。宝洁公司的高管卡尔·罗恩（Karl Ronn）曾经帮助公司推出了价值 30 亿美元的颠覆性产品，然后离开宝洁公司创建了自己的颠覆性企业，他告诉我们的经验法则是："任何规模翻倍的事物都是潜在的颠覆者，无论其规模大小。"他指出，那些快速增长的公司"正在经营我们本应经营的试销市场。这是一个防微杜渐的简单方法。"

当然并不是所有新兴企业都能获得成功。默多克对 Myspace 的押注失败只是其中一个例子。但是，透过颠覆的镜头及早识别外围环境的发展，可以有足够的时间做出反应，增加识别颠覆性变化的可能性。

思考未来的可能性，不要只看眼前

由于一些心理原因，即便是最明事理的高管也不太会指出公司当前的做法存在哪些致命缺陷。但如果放眼未来，高管们则可以从更客观的角度看待问题。例如，特纳娱乐网把自己放到了很远的未来，就没人觉得指出公司商业模式的瑕疵会对个人不利。

思考未来的范围取决于你所在的行业。例如我们提供过咨询服务的一家数十亿美元规模的国防工业企业，他们刚刚被竞争对手抢走一份关键的合同，但是，其五年增长计划仍然稳健。国防工业的开发和采购周期长达数十年，当公司将增长预期的范围从 5 年扩大到 15 年的时候，一个关键的业务问题就冒出来。由于地缘政治力量、国防预算变化和技术颠覆，导致客户需求不断变化，国防工业企业面临巨大的收入差额，这将挑战组织转型并创造新的增长。

让局外人参与进来

21 世纪初，吉尔伯特和约翰逊在哈佛商学院（Harvard Business School）的经历生动地说明了看到当前行业的问题有多么困难。当时，他们正在参加一个关于应对颠覆性变化的研讨会。英特尔、柯达等六家机构的领寻团队参加了这次活动。为了呼应哈佛商学院制定的主题，研究人员撰写了 20 页案例研究，阐述了各自行业的颠覆性发展。在讨论哪一家公司的案例时，该公司的人必须安静地倾听。以下是吉尔伯特对此场景的描述。

"我认为这是最无聊的一场活动。我们写的是相同情况的五个版本。每次在讨论结束、公司发表评论的时候，他们都会耐心地解释自己的不同之处。柯达公司立即发现英特尔在低端微处理器方面的问题，而辩护的一方则看到柯达公司在数字成像方面的挑战，但是没有一家公司能看出自己的问题，这让我明白了——认清自己的问题有多么困难。"

评估不作为的代价

特纳娱乐网分析的焦点是：如果不进行变革，颠覆性的发展继续下去会对公司业务造成怎样的损害。大多数公司会思考各种响应策略，构建电子表格预测所需的投资和每一种策略的影响。常用的方法是通过使用商定的利率对未来现金折现，得出投资建议的净现值（NPV）。基本的财务规则是，净现值为正数的项目应该被批准，而净现值为负数的项目应被拒绝。然而，大多数遵循这种方式的人都做了一个基本情况为零的隐含假设，使他们对需要前期投资且在未来几年才会产生回报的项目产生了偏见。当你认识到不作为的代价时，才会意识到应对的必要性。

克里斯坦森的担心多余吗

2014 年，克里斯坦森在新加坡管理学院（Singapore Institute of Management）做年度管理讲座，他阐述了教育领域出现的颠覆，并提到他为自己的雇主——哈佛商学院的未来感到担忧。

对于该校核心的两年制 MBA 课程是否长期可行，他提出了质疑。在演讲的最后，他说："如果你们为哈佛商学院祈祷，我也会为新加坡的未来祈祷。"

有没有预警信号表明颠覆性变革可能会影响像哈佛商学院这样的机构呢？答案是肯定的。表 4-2 是一个简单的工具，我们用它来评估本章所描述的预警信号的存在，此工具为 7 个预警信号各提供了定性选择，以确定威胁的紧迫程度。

表 4-2　颠覆发生的早期预警信号评估工具

阶段	标志	低风险	中等风险	高风险
第一阶段：环境	客户忠诚度	稳定或上升	缓慢下降	快速下降
	风险投资	很少或没有	大量的种子期和早期活动	大量成长阶段活动
第二阶段：催化剂	政策变化	很少或没有	在考虑或讨论中	在实施过程中
	行业闯入者活动	很少或没有	在低端或边缘市场的增长	进入或出现在主流中
	客户习惯的转变	习惯稳定	边缘变化	主流变化
第三阶段：影响	商业模式创新	闯入者优化现有的模式	闯入者试验不同的模式	闯入者成功执行不同的模式
	利润率	稳定或上升	缓慢下降或由于成本管理而上升	快速下降

让我们逐条来分析。

- **客户忠诚度的变化（中等风险）。** 研究生管理入学考试（GMAT）是报名参加两年制 MBA 计划的前提条件，但是参加考试的人数在 2009 年至 2015 年期间下降了 33%，该迹象表明客户忠诚度正在下降。

- **风险投资走向（高风险）。** 我们很难获得准确的风险投资数据，但至少掌握到两个信息，美国的风险资本家在 2014 年向教育相关的创业公司投资了大约 20 亿美元，而在 2009 年时仅为不到 5 亿美元。

- **政策变化（中等风险）。** 在过去的几十年中，美国高等教育成本的大幅上涨，使越来越多的学生毕业时背负着沉重的债务负担。政治家们已经注意到这一点，有迹象表明改革可能会到来。

- **行业闯入者行动（中等风险）。** 在过去的几年中，出现了许多新的商业教育模式，包括访问大规模开放在线课程（MOOC）的平台，以及改进"雇主驱动式"的教育项目。

- **习惯改变（中等风险）**。在线教育涉及一系列不同于传统课堂的教学习惯。这些习惯尚未转变为主流的行为，随着越来越多的孩子在数字化环境下成长，教学范式可能会发生转变。

- **颠覆性的商业模式（中等风险）**。市场新兴的参与者显然正在尝试与众不同的商业模式，可能给哈佛商学院和其他主流学校带来巨大挑战。这些模式在商业方面的可行性可能在极短的时间内实现。

- **财务结果（低风险）**。我们上一次查看数据时，哈佛大学的捐赠资金看起来仍很稳定。2014 年，哈佛大学商学院发起了一项 10 亿美元的五年筹款活动，活动于 2012 年已开始，在宣布时已经筹集到 6 亿美元，截至 2016 年，哈佛大学商学院宣布筹集了 9.25 亿美元。

作为"颠覆之父"所在的学校，哈佛商学院确实在做出反应，哈佛的出版机构有一个企业学习部门，利用案例研究、在线模块及网络课程为企业的中层管理人员提供定制化的教育项目。2013 年，它成立了一个名为 HBX 的独立组织开发在线课程。2014 年，该学院推出了一个为期三周的课程，教授金融分析等商业技能。2015 年，HBX 推出了克里斯坦森课程的沉浸式版本，企业的个人或团体均可以参加，人均费用不到 2000 美元。

时间会证明，克里斯坦森的祈祷是否得到了回应。

小结

当平台着起火来的时候，几乎不可能再进行双重转型。领导者需要追随像奈飞的哈斯廷斯、特纳娱乐网的拉兹和安泰的本托里尼这样的英明领袖，在变革的必要性明朗之前敢于做出转型的选择。领导者要密切注意颠覆性变化的七个预警信号：客户忠诚度下降、风险投资走向、政策变化、新的闯入者、客户习惯变化、新商业模式的形成，以及财务重心从增长收入转移到保护利润。为了发现这些信号，需要在"外围"留意任何迅速增长的事物，植根于未来，让局外人参与进来，并且评估不作为的代价。

第五章
清晰的焦点

1961 年，美国总统肯尼迪参加了国会联席会议。当时，美国在乐观和绝望之间徘徊，这位年轻的总统可是重任在肩。

在这种历史背景下，肯尼迪总统发表了关于"登月计划"的著名宣言。

此后，"登月计划"（moonshot）一词出现在美国的字典中，成为形容一项艰巨、昂贵但具有重大意义的任务的代称。

肯尼迪的讲话绝非空洞的承诺。他曾让人仔细研究了这项声明的可行性，这是明智的策略。

肯尼迪通过清晰聚焦推动了资源分配，并最终加速了 20 世纪的标志性成就。

考虑到双重转型的复杂性，战略上的明确性绝对必要，选择做什么和不做什么要一清二楚。战略的本质就是"选择"，永远都是"选择"。正如乔布斯那句常被引用的名言："实际上，相比已经完成的工作，我对那些没有完成的工作一样感到自豪。创新就是对 1000 件事情说'不'。"

本书介绍的许多案例研究都将重点放在仅有几项的战略举措上。例如施乐公司简化了其核心业务，并创建了业务流程外包业务。新加坡邮政促使其核心邮政产品的交付更加便捷，并创建了外包物流和电子履约服务。奥多比公司从销售套装软件转向提供订阅式服务，并围绕市场服务构建了一整套产品。特纳娱乐网有五个战略重点，例如更多制作原创内容、以不同方式数字化等。在这些选择中，有大量的试验，直到科学家确定哪一种效果更好，但每一个例子都比尝试去做100件事更清晰聚焦，更接近"登月计划"。

马尼拉水务公司（Manila Water）是为菲律宾首都马尼拉东部的600万居民提供自来水的水务公司，本章将提供该公司如何体现清晰聚焦战略的第一手资料，并阐述成功转型的三个关键，即运用我们提出的"从未来看现在"的方法管理三个不同的时间框架，以及放弃以往核心业务的某些部分。

马尼拉水务的战略选择

马尼拉水务公司是1997年成立的公私合营企业，目的是为了提高菲律宾首都马尼拉东部水利基础设施的质量及可靠性。作为菲律宾最大的企业集团之一，阿亚拉集团（Ayala Corporation）拥有马尼拉水务公司50%以上的股份，当马尼拉水务获得营业许可时，马尼拉东部只有四分之一的家庭能可靠地喝到饮用水。到2013年前，由于政府机构注入新的人才和现代管理技术，使这一比例几乎增加到100%。

该公司的首席执行官格里·阿布拉扎（Gerry Ablaza）及其管理团队面临着两难境地，投资者期望该公司能像过去一样继续发展，但这种发展意味着必须寻找不同的地方实现增长。公司从优势地位开始寻求新的增长，2013年创造了约4亿美元的创纪录收入，净收入约1.25亿美元。

该团队遵循三个步骤做出了明确的战略选择。首先，确定了增长差距，阐明了必须解决的问题；然后，确定了新增长的目标和界限；最后，筛选出两个最有可能实现新增长的战略机会领域。

步骤 1：确定你的增长差距

几乎每个组织在其未来愿望与现实之间都存在着差距。增长差距越大，就越需要加大对增长的投资，要进一步突破现有业务的界限以寻求增长。马尼拉水务公司采取了四个步骤确定其增长差距。

1. 设定目标

马尼拉水务公司设定的目标是五年内净收入翻番。这个目标很明确，而且离现在足够远，人们可以放心地讨论届时要发生的事情，但又并非远得离谱，以至于技术或市场发展的不确定性使讨论本身毫无意义。有些公司考虑的时间范围略短一些，但从来不会少于三年，在变化缓慢的市场中则长达三十年。马尼拉水务公司将目标锁定在净收入上，选择这一指标作为战略考核要优于选择考核绝对收入，因为它允许你放眼看到不同的商业模式。

2. 评估当前的运营潜力

马尼拉水务公司预测其基础业务将保持相对稳定，因为公司在运营的地域内无处不在。因此，通过增加当前市场的新客户或者从现有竞争对手那里抢夺份额增加收入的做法行不通。但通过更有效地运营其核心业务确实还存在净收入增长的空间，公司可以通过改进运营来弥补其净收入差距的 20%。

3. 评估现有投资对新增长的潜力

2013 年，马尼拉水务公司启动了一项雄心勃勃的计划——为菲律宾其他地区以及印度尼西亚和越南的市政当局创建“水务服务”业务。公司的理念是，在解决了新兴市场中世界级的运营挑战后，马尼拉水务可以在邻近区域的市场中成长。公司的这一策略早期取得过成功，有望由此缩小 60% 的目标净收入差距。虽然马尼拉水务公司专注于单一投资，但有些公司在进行很多新增长业务的尝试。属于这种情况的公司，在这一步应该列一个完整的清单，详细说明每个想法，评估其财务潜力，以及实现该潜力所需的投资。通过将每项投资的财务潜力与成功的概率相乘，评估清单的风险调整值。

4. 计算增长差距

最后一步很简单。马尼拉水务公司将第 2 步和第 3 步的结果相加，并将其与第 1 步的目标比较，确定其增长差距约为净收入目标的 20%。

马尼拉水务公司遵循的流程看似简单，但其中暗藏四个陷阱。首先，领导者往往高估成员们对未来目标的契合度，如果成员们想法不同，要形成共识会很难，建议先让领导团队中的关键成员表述对未来目标的看法。大多数团队会发现成员们的预估值会有很大差异，不必强求完美的契合度，随后的工作自然会让人们明白哪些是切实可行的，但大家在方向上的契合显然有助于实现目标。

其次，公司往往会低估颠覆性预警信号的存在，这些信号预示着未来的艰难时期，大多数公司在监控竞争对手方面都做得不错，但在监控替代者以及现有或未来的颠覆者的威胁方面则投入不足。

再次，当公司开列出新的增长型项目清单时，他们通常会创建"波将金村"（指俄国官员波将金在他的领地上建造假村舍营造繁荣的假象取悦女皇）。简而言之，没有人真正在做领导在年度计划会议上大谈特谈的项目，那些纸面上看起来稳健的项目往往毫无价值。

最后，是人们对当前投资承诺的增长回报过于乐观，即便他们是该领域的专家，也常常会低估工作的时间和成本，心理学家称这种现象为"规划谬误"。对于涉及多个新变量的新增长努力，问题会更加严重。例如，新的增长努力可能涉及以新客户为目标、开发未经验证的技术、与新合作伙伴互动以及尝试新的赢利模式。如果这 4 个领域中的每个领域按计划达成的概率分别为 80%，成功的总体机会则不足 40%。

分析要严谨。例如，查看过去的增长计划有多少如期完成了？还可使用公开的行业基准或利用风险投资行业的数据。一位学者研究发现，大约有75%的"好创意"未能将资本返还投资者。

一般来说，严谨的分析可以让组织发现当前运营中隐藏的风险，并降低计划投资的回报预期。这不成其为警报因素。开诚布公地计算增长差距，能激发变革的需要，确保持续关注长期问题。准确计算出的增长差距不仅能对未来的增长进行更准确的投资，还能突出战略收购的必要性以争取时间，或者与外部分析师和利益相关者沟通不一样的增长目标。

这样做的总体目标是获得洞察力而不是精确度，不要在这面上花太多时间。例如，马尼拉水务公司花了大约两周时间得出了其增长差距的第一个估值。花上一个下午讨论，至少能得出一个方向性的估计。如果你们的情况不属于最复杂的，却花了一个多月的时间，那可能是你们想得太多了。

步骤2：确定目标和边界

在为改变业务而寻找创意的过程中，你们可能会跑偏。高层领导的第一要务就是为搜寻创意制定明确而严格的规则。我们来看马尼拉水务公司面临的广泛选择。

- **应考虑哪类服务？**显然，公司可以把所有与水务或公用设施有关的事项都纳入考虑范围。领导层认为可以考虑其他与基础设施相关的服务。最后公司决定对能源生产不予考虑，从理论上说，对于公司现有业务而言差异太大，母公司阿亚拉集团已经有一项专注于能源的独立业务。
- **愿意花多少钱寻求新的机会？**马尼拉水务认为，公司具备在高成本环境中经营的技能，并不担心加大投入，但对意向投入的资金设定了上限。

- **在特定的创意产生影响之前，马尼拉水务愿意等待多长时间？** 一个好的创意会在商业化的二十四个月内开始产生影响。但是马尼拉水务公司愿意在适当的情况下等待五年的时间。

- **应当针对哪些地区？** 马尼拉水务公司的业务主要集中在首都马尼拉的东部。领导者们要求发展方向必须与当前地理范围内的客户相关，但也有兴趣探索在国内甚至国际上扩张的机会。

- **是否愿意涉足其他监管领域？** 领导者们认为，公司对监管机构的管理是一项关键能力，因此，除了非监管领域，公司乐意涉足需要强大游说能力的新领域。

以上练习可以用来确定增长的目标及边界。除了马尼拉水务公司考虑的几点，还可以考虑以下内容。

- **可以定位哪个客户群体？** 如果是一家以消费者为中心的公司，是否考虑针对商业客户？如果是以商业客户为中心的公司，是否可以考虑针对消费者？如果以大公司为目标，是否能以小公司为目标？如果通常为服务商提供服务，能否直接联系最终用户？

- **可以使用哪个分销渠道？** 如果通常使用零售渠道，是否考虑直接销售？如果通常使用大众渠道，是否考虑使用小众渠道？

- **必须在稳定状态下获得多少收入？** 是 1 亿美元？5000 万美元？还是 50 亿美元？什么是稳定状态？

- **需要在稳定状态下获得怎样的利润水平？** 超过当前的利润？与目前的利润相当？还是低于当前的利润？

- **将提供什么服务？** 如果通常销售产品，可否销售服务？如果通常销售服务，可否销售产品？

- **将如何创造收入？** 如果销售产品，可否考虑租赁模式或者订阅模式？可否考虑搭建赚取交易费的平台？或其他模式？

- **将与哪些供应商及合作伙伴合作？** 可否考虑使用新的供应商？可否考虑把通常自己完成的任务外包？可否考虑把通常外包的任务自行完成？

- **将运用什么策略？** 可否考虑收购与合伙？

- **会使用哪种面市方法？** 是否会使用不完美的初步原型测试市场？

遵循上述过程，即可清晰概括出在每一个领域想要的是什么，不予考虑的是什么，以及在适当情况下考虑怎样做。

本书附录有一个简单的模板可以得出这项练习的结果。将模板转化为高效视觉效果的方法，是创建靶心图，核心的部分为绿色，中间部分为黄色，外部边缘为红色。

完成模板练习只需让最高领导团队完成一次简短的调查，然后举行两个小时的会议，讨论分歧最大的领域，如此会有很好的效果。此外还须谨记，没人要求必须遵守最初的目标和边界，一切都在变化，最终会看到哪些是有效的、哪些是无效的方法，应当不断回顾并修改之前的游戏规则。

请将"是否考虑……"的那些领域编纂成文并与组织成员沟通，可使组织上上下下得到解放，因为在通常情况下，普通员工们使用的筛选标准比高层领导者想要的严格得多。在这一步遇到的最大挑战是需要放弃一些事情，如果没有设定约束条件，有可能尝试太多而抓不着重点。

步骤3：确定战略机会领域

在确定了游戏规则之后，马尼拉水务公司进行的最后一步，就是确定发展潜力最大的领域——相当于公司的"登月计划"，我们称之为"战略机会领域"，它们符合组织的战略目标及边界，因此具有战略意义；它们提供了创造新增长的可能性，因此是机会；它们足够广泛，可以通过多种方式探索，因此称为领域。

最后一部分值得特别强调，清晰的焦点不是要立即采取高度详细的策略（稍后会介绍）。A. G. 雷富礼（A. G. Lafley）和罗杰·马丁（Roger Martin）的著作《宝洁制胜战略》（*Playing to Win*）中说，你们是在做出"在哪里参赛"的选择。

要评估潜在的机会领域，需要问 4 个问题。

1. 要做的事真的有吸引力吗？要解决的问题有多重要？还有多少需要解决？

2. 为谁做？受众足够吗？有多少人面临这个问题？

3. 方法可行吗？在没有奇迹的情况下，能做到什么程度？

4. 要做的理由有说服力吗？在多大程度上适合你们的能力和市场趋势？

有的公司可能会花上几年的时间定义未来的机会（这不免让人想到"好高骛远"一词），但在大多数情况下，通过 60 到 90 天的专注努力，就可以开发出高潜力机会领域的最终清单。以马尼拉水务公司为例，其专项小团队与创新视点公司的专家们只花了大约两个月的时间。

整个过程从马尼拉水务团队闪电访问市场开始，对消费者和企业主进行了大约 50 次访问。既定目标是与个人讨论他们所面临的问题，这些问题可能会启发公司找到适合马尼拉水务目标和边界的解决方案。市场访问做了多样化的安排，访问范围从在拥有豪华住宅和仆人团队的商业领袖，到最贫穷的消费者。

同时，团队进行了次级研究，识别其他全球公用事业近期考虑哪些领域，以及围绕广义主题关注哪些初创公司。通过头脑风暴式的讨论，团队总结出大约 50 个潜在机会领域。他们发现其中六个领域潜力最大。费尔兹·德拉·克鲁斯

（Ferdz dela Cruz）是马尼拉水务公司的运营负责人兼 CEO 阿布拉扎的得力助手，也是该项目的赞助人，他与高层领导进行了开放式的讨论，团队将这些想法分为三个类别。

勇往直前

第一部分包含两个符合所有标准、没有明显"交易风险"的领域。马尼拉水务公司决定组建团队探索并最终在每个空间发展商业业务。

第一个机会领域针对商业废水。例如餐馆等企业在日常运营中会产生大量的污水。理想情况下，应当及时处理污水。但是，2013 年马尼拉有超过一半的商业和工业公司违反了环境法规。为了杜绝这种情况，政府机构已开始加强废水法规的执行，各公司面临越来越多的突击检查、罚款、停产停工令及违约行为媒体曝光，因此也越来越多寻找专家帮助解决运营、财务和声誉风险等方面不合规的问题，制订处理工业及商业废水的长期合规解决方案。速食餐厅和工业食品加工公司最不合规，面临着严重的运营和声誉风险。这部分业务对马尼拉水务公司很有吸引力，可充分利用公司在住宅区使用的现成方案，为商业和工业公司提供合规及可负担的解决方案。

第二个机会领域是包装饮用水。尽管马尼拉水务公司通过其基础设施提供高质量饮水，但公寓和办公楼内部的管道状况欠佳，这使一些私人加水站生意非常好，仅在马尼拉大都会的东部地区，就有约 3000 万美元的年产值。估计有十分之六的家庭每年至少造访一次加水站。这些加水站主要从马尼拉水厂获取自来水，通过"离子发生器"（对水质的好处存疑）处理后，装在大塑料瓶中，然后以 500% 至 1000% 的加价出售。

许多消费者反映获取瓶子的麻烦让他们苦恼，办公室及高端住宅客户也对存储瓶子感到麻烦。马尼拉水务公司设想集中制造并在马尼拉各地建立健全的分销

123

系统来提供低成本高质量饮用水的模式，这会为该业务在整个菲律宾的扩展奠定基础。

保留观望

有一些领域具备很大的潜力，但附带的重大风险使马尼拉水务公司却步。公司决定将这些领域像"半成品库存"一样保留起来。如果情况发生了变化，这些领域变得可行，或者其他领域停滞不前了，公司会加速这些保留领域的探索。

其中防洪就是这个类别中的一例。气候变化及大规模城市化加剧了马尼拉连年不断的洪灾问题。有报告表明，马尼拉已经损失了近一半的市辖运河及水路，而那些地方仍然挤满了非正式的定居者。在雨季，主要道路经常堵塞，每年有30万生活在低洼地区的人受到影响，造成重大的社会和经济问题。

政府机构已经意向投资100亿美元改善防洪基础设施，但截至2013年仍未制订具体计划。马尼拉水务公司一直在讨论与政府机构建立公私合作关系，改善马尼拉洪水管理系统的基础设施建设、运营和维护。尽管解决方案具有挑战性，但马尼拉水务公司现有的基础设施是解决方案的关键组成部分。马尼拉水务公司决定暂缓进入这一领域，等待政府提出更具体的计划。

停止探索

马尼拉水务对很多设想进行了调查研究，但最终决定不浪费更多的时间和金钱。该组织决定停止探索更多领域的决定十分明确。

例如，马尼拉水务经常思考的拓展方向是广告。公司每月打印分发近300万张发票，客户遍及社会各个阶层、区域和住宅区。当时，菲律宾的广告市场规模较小而且主要针对富裕客户，而富裕客户只是马尼拉水务客户的一部分。公司可以将发票上的空白处出售给广告商，也可以把广告单随纸质账单一起发送。涉足广告业务，公司需要在系统上大量投资，因为广告商希望更好地了解其客户，能够精准定位信息。市场规模小，加之提供解决方案的复杂性，使马尼拉水务公司决定停止探索这一设想。

马尼拉水务公司的成果

马尼拉水务公司执行的 ET（东部地区转型）项目于 2013 年 8 月开始。到 12 月，团队明确了增长的目标和边界，确定了两个高潜力的机会领域，并组成了专门的小型团队，在积极进取的领导者罗伯特·"布格兹"·巴弗里（Robert "Boogz" Baffrey）的指挥下，开始进军这些领域，巴弗里从废水处理业务的领导岗位调来，专门领导马尼拉水务创造新的增长点。

莎朗·马西亚尔（Sharon Marcial）同年 12 月领导包装水业务的试点，提出了"健康家庭"的口号。在 2014 年 8 月项目正式启动之前，试点工作一直持续到 2014 年上半年。到 2016 年初，该项目已经建立了 5 家工厂，销售了超过 100 万瓶水，由莎朗担任总经理。之后，它扩展到马尼拉东部的马尼拉水务公司总部以外的地方，从而带来了新的挑战和机遇。罗比·瓦斯克斯（Robbie Vasquez）领导开发商业废水解决的方案，2014 年尝试了三种商业模式，2015 年 1 月正式启动该业务。

在 2016 年 8 月的采访中，阿布拉扎和克鲁斯对当时的进展感到满意，他们指出，公司的转型之旅仅仅走了一半，所投资的新业务取得了良好的进展，并且创新与成长的全新心态已经遍及整个组织。

阿布拉扎指出："2010 年我刚刚加入马尼拉水务公司的时候，公司只有'一技之长'；今天，我们已经拥有一系列的业务组合。今年，我们预计非东部地区的业务将贡献公司总利润的将近 15%，这是不小的成就。毕竟东部地区的业务太大，任何新业务的成果相比之下都显得微不足道。"

阿布拉扎还评论了马尼拉水务自我转型所带来的文化变迁。

"公司私有化时代产生的组织文化是一种思维定式，那就是追求卓越的运营效率、一流的客户服务及响应能力，最重要的是遵纪守法。这种心态的潜台词就是：'让我们好好管理，最小化我们的风险，确保监管部门不会在任何重大问题上找我们的麻烦。'而创新文化几乎与之相反，我认为我们已经开始了一种新的思维方式：我们要成长，就需要拥抱改变；我们要创造股东价值，就必须不断创新。"

克鲁斯强调了转型过程中建立起来的新制度。他说："我相信我们拥有了更加系统化、程序化的方式转变运营模式，确实使创新成为一种制度。关于马尼拉水务，最值得称道的是，在我们进行此类项目的时候，已经将之内化于心了。"

第八章将深入介绍阿布拉扎、克鲁斯以及其他人在领导双重转型之旅时的亲身体悟。

成功的秘诀

清晰的焦点是双重转型的关键推动因素。提高清晰度的最好方法是运用"从未来看现在"的方法，在三个时间框架内同时思考，并愿意放弃大部分的核心业务。

运用"从未来看现在"的思维

公司一般倾向于"从现在看未来"的策略，大型的成熟公司尤其如此。他们详细说明今天的业务，预测下一年的情况，之后再看下一年，依此类推。这种以数据为依据的方法导致未来的业务很像今天的业务，只有一些小的调整。这一过程暗含了一种假设：未来与过去是类似的。但是，当你在计划转型的时候，这种方法不仅会失败，而且会掩盖最大的威胁，阻碍最大的机会。

相反，应该采用"从未来看现在"的方法。想象一下，你和领导团队都登上了时光机，你们在未来的某个时间走下时光机。这个时间在快速发展的行业中可能需要 3~5 年，而在慢速发展的行业中可能需要 20~30 年。届时，不可阻挡的趋势将影响你们所在的行业以及身边的每个人，许多趋势已经显现，对整个行业的影响不再是秘密。当你们打开时光机的大门，走入未来的业务厅，你和团队想看到的是什么？所有的数据都应当体现努力，而不是驱动努力。

这种"从未来看现在"的方法既有定量的部分，也有定性的部分。从定量上讲，你至少大致了解明天的组织是 A 还是 B，以及双重转型所需要的投资量。

然而定性的观察更为重要。明天的组织会是什么样？如果是在一个鸡尾酒会上，你们将如何讲述自己的公司在做什么样的事业？本书第一部分的许多案例中，都有着"从……到……"描述转型核心的宣言。你们的转型简介是怎样的？公司在一个简单而有意义的不同方向上保持一致是至关重要的。

许多组织不屑于做转型报告或讲自己的转型故事，而是一味地追求财务指标。他们的目标要么是让股东的总回报率排名行业的前四分之一（没有人会把目标定在行业的中游水平），要么是将投资资本的回报率提高几个百分点。在这种情况下，企业在面对界定不清晰而且没有激励吸引力的转型时困难重重也就不足为奇了。毫无差错地实现组织转型谈何容易，如果没有比促进财务回报更令人信服的理由，就很难推动企业转型。

并不是建议你们成立特别委员会为你们企业的未来编织故事，而是说关键高层管理人员应该在通过对话谈论未来的发展时讲好故事。我们说的可是认真的对话。物理学家戴维·伯姆（David Bohm）在其 1996 年的经典著作《论对话》中，阐述了对话是推动集体走向新方向的最有价值的方式。对话不是"打乒乓球，你来我往驳斥对方的想法，目的就是让自己赢"，好的对话需要"共同参与，我们不是彼此对战，而是互相激发，在对话中，每个人都是赢家"。

这种方法的价值在于它使组织在以下五个核心议题上观点一致：

- 最有可能的未来环境
- 公司未来的理想状态
- 最关键的战略举措
- 最关键的假设
- 转型需要的近期关键行动

在这个过程中的某个时刻（你永远不知道什么时候会发生），拼图的碎片终于被拼在了一起，你和团队终于能够对未来的公司做出 10 个字以内的精辟描述。

以价值数十亿美元的消费品公司 Jarden 公司（Jarden Consumer Solutions，简称 JCS）为例，过去，该公司将自己视为企业对企业（B2B）模式的家电制造商，也就是说，它将零售商视为主要客户。Jarden 公司与个人消费者的关系往往是高度交易型的。消费者购买了 Mr. Coffee 咖啡机或者 Crock-Pot 慢炖锅之后，通常能使用五年甚至更长的时间，在此期间不会为 Jarden 公司带来额外的收入。

Jarden 公司团队通过与消费者更深入的交谈，了解他们日常使用电器的情况，思考他们随着健康意识的提升可能存在哪些潜在的需求，收集他们有哪些新的见解。这些信息不仅帮助 Jarden 改进了现有电器而满足了零售商的需求，还为公司开辟了新的途径。如何能满足个人节省时间、减轻体重、降低胆固醇或招待朋友的愿望呢？对于人们成为好父母的愿望，我们能做什么呢？一系列的讨论使这家公司的转型宣传变得具体化——"我们是一家 B2B 的用品制造商，我们必须成为一家对消费者（B2C）提供健康解决方案的公司"。正如首席执行官安迪·希尔（Andy Hill）所说："以消费者为中心是一个巨大的转型概念，对我们来说是一次重大的企业文化改变。"

"从未来看现在"定位成功的另一个关键是：同时跨越三个时间框架思考。

跨越三个时间框架思考

如果没有一个强有力的计划实现目标，清晰聚焦将毫无意义。众所周知，没有执行的战略只是一种空想。推动一家公司向全新的方向发展会带来复杂的挑战。F. 斯科特·菲茨杰拉德（F. Scott Fitzgerald）有句名言："检验一流智慧的标准，就是看他能否同时持有两种相反的想法，却还能保持行事的能力。"以我们的经验看来，想实现"登月计划"的领导者头脑中需要同时具有三个框架而不止是两个：

- "登月计划框架"（moonshot frame），构想并描述鼓舞人心的未来愿景，吸引组织的注意力；
- "登月舱（或发射台）框架"，思考将登月从梦想变为现实的必要组成部分及构件模块；
- "周二的午餐框架"，思考明天要做的具体事项以确保进展。这个名称的含义是如果工程师没有吃东西，或者没有适当的设备或培训，就无法设计实现登月行动的登月舱。

回顾肯尼迪演讲的片段，最常被引用的是"把人送上月球（当然，很重要的是将他带回地球）"，但其实他同时还讲到了这一过程的关键步骤，并提到了必要的专业技术。

当你从这三个框架去思考时，自然会考虑，为了企业愿景，需要做什么、什么时候做、需要在 B 业务投资多少？如何判断是否推进太慢，是否需要干预？反复思考论证，适当管理行动，会将鼓舞人心的愿景转化为切实的进展。

愿意向过去挥手告别

本书没有花太多时间描述 20 世纪 90 年代（IBM）和 21 世纪初（苹果）最具标志性的变革。这两个案例都有很好的文献记录，是双重转型的强大案例。这两个案例的转型 A 都涉及抛弃传统核心业务的关键部分。

以 IBM 为例，过去的 20 年，它投入巨资设立了服务部门，还退出了硬盘驱动器、打印机和个人计算机市场。苹果公司联合创始人乔布斯被称为创造大师，但他在 20 世纪 90 年代末回到苹果公司的第一波动作不是创造，而是破坏。他将苹果公司繁多的产品整合为 4 个产品，这样就使组织得到了精简，从而有了更多的资源可以投入到转型 B 的产品（iPod，iPhone 等）开发中。

舍弃公司传统业务进行转型的更近一点的案例是财捷公司（Intuit）。该公司由斯科特·库克（Scott Cook）于 20 世纪 80 年代初创立，旨在帮助个人和企业实现财务自助管理。这家市值数十亿美元的公司是靠一款针对个人用户的软件包"财快"（Quicken）发展起来的。但后来，"财快"在公司中的作用被其他产品所取代，如 QuickBooks（针对小型企业）、TurboTax（帮助个人管理复杂的美国税法）以及财捷公司收购的 Mint（帮助网络高手发现省钱机会）。

2015 年，财捷公司的传统核心业务已降至年收入 5000 万美元。2015 年 8 月，财捷公司把"财快"卖给了一位私人投资者，这样的决策令人难过，但却是公司转型的必经之路，这样才能让有才华的员工有精力去创造不同的新事物。

小结

1961 年，约翰·肯尼迪要求国会支持在十年内实现登月计划，明确表达了战略焦点。推动双重转型的领导者需要使关键的战略选择具有这样的清晰度。要确定组织的"登月计划"，需要遵循三个步骤。

1. 确定增长差距。

2. 确定增长目标和边界。

3. 确定几个战略机遇领域。

为了让战略目标更清晰，并确保其产生影响，记住运用"从未来看现在"的思维方式，同时考虑"登月""登月舱""周二午餐"这三个时间框架，并愿意与传统业务挥手说再见。

第六章
探索的好奇心

2013 年 10 月 9 日下午 2：02，武吉班让（Bukit Panjang）转驳站的电缆室起火。没人知道大火是如何燃烧起来的，监管机构称火灾的起因是员工违规使用了无授权的焊枪焊接管道。无论原因如何，大范围的破坏造成包括政府机构在内的电信服务提供商所有用户无法上网，超过 25 万人受到影响。

消防部门宣布该区域安全后，新加坡电信迅速采取行动，在短短 24 小时内恢复了 40% 以上的光纤连接，两天内修复了损坏的电缆，并在 10 月 14 日，即事件发生 120 小时 58 分钟后恢复全面服务。郑树明（Tay Soo Meng）是该网络小组的负责人，他的团队做出了不懈的努力，连续几天几乎没有睡觉，直到解决了所有问题。

由于缺乏针对大规模停电的应急预案，当地监管机构对新加坡电信处以 450 万美元的罚款，但是，监管机构认可该公司在向用户提供补偿以及坚持积极透明的努力。之后，新加坡电信花了 18 个月时间，部署了全面的消防系统。

新加坡电信和世界上其他大多数运营商不同。虽然它在 1992 年就不再属于政府所有，但直到 2000 年政府对当地工业放松管制之前，它仍是一家受监管的垄断企业。因为新加坡电信虽然是上市公司，但其最大的股东是新加坡政府财政部组建的投资公司淡马锡（Temasek）。

2010 年，新加坡电信成为东南亚最大的移动运营商。当时，新加坡电信除了在新加坡和澳大利亚的全资运营商，还拥有东南亚及非洲运营商的大量持股，总共用户超过 4 亿。新加坡电信建立和运营的通信网络，过去主要经营电话业务。后来，短信和其他数据服务逐渐取代电话业务，给电信行业带来了巨大的发展空间，但这也为网络电话 Skype、即时通信应用程序 WhatsApp 以及 Facebook 等新的竞争对手创造了凌驾通信网络、提供竞争性服务的机会。电信行业很快变成了所谓的信息垃圾通道——它承担建设庞大而昂贵的网络的成本，却眼睁睁地看着回报流向那些新贵公司。

新加坡电信财力雄厚，规划严格周密，连年获"亚洲区最佳组织管理企业"奖项。自 2010 年以来，公司双管齐下，一方面精简核心业务，一方面从语音服务向数据服务转型。它投资了数十家初创公司，并建立了一些实质性增长型新业务。高层领导者几乎都不再打领带，他们远访特拉维夫（Tel Aviv）和硅谷（Silicon Valley）等地，不是去探访本公司在那些地区的部门，而是去那里收集初创公司的第一手资料。

新加坡电信表现出了探索的好奇心。

可预见性本身的问题

聚会上我们最喜欢玩的花招之一，就是走向一家从未谋面的公司号称自己无所不知。我们声明自己没有为会面做任何准备（当然准备好了），也没有读过任何关于这家公司的信息，但我们可以预测它的战略。这一举动通常会招致迷惑不解的眼神，然后我们会说："你们的战略——就是一丝不苟地继续做正在做的事情。"

　　他们往往大谈自己的企业正在如何积极进入这个市场，投资这项技术，与知名的初创公司合作，引进了炙手可热的人才。这时候我们当然要予以反驳——这些都是事实，但如果一个公司不改变决定日常工作中如何分配资源的底层逻辑来落实这些高大上的战略和各种具体措施，它就毫无意义。战略不是你说做什么，而是你实际做了什么，这要看你们的时间和钱花在哪儿。随着时间的推移，优化资源分配的长效引擎将使你们获得成功。

　　即使公司通过调整运营引擎获得了可观的收益，仍要面对颠覆性变革带来的严峻挑战。以我们十多年前与宝洁公司高管的一次对话为例。该公司于 2004 年年初致电我们，希望在创新方面获得帮助，而这种需要从局外看并不明显，毕竟宝洁公司刚刚推出了创新品类的产品，例如 Febreze（用于室内空气和织物除臭）、Swifer（用于快速清洁）和 Crest White Strip（用于个人牙齿美白）。宝洁公司当时正在新兴市场迅速扩张，全球收入激增。在前任 CEO 于 1999 年意外辞职之后，雷富礼因带领宝洁公司强势反弹而倍受赞誉，公司股价一路飞涨。

　　然而，宝洁公司的领导们却并未因此高枕无忧，在仔细研究了公司的发展规划之后，他们发现一个问题——产品线的扩展及过多的创新堵塞了发展通道，这将导致公司增长放缓。虽然未来 10 年内这种情况还不会发生，但公司领导层认定，宝洁公司现在必须提高能力，更系统化、更有条理地开发新系列和新品类。

　　我们曾与宝洁公司一位高管谈论阻碍宝洁公司发展的因素。他告诉我们："我们的组织目标是提供质量稳定可靠的产品。而这正是问题所在。"

　　可见，宝洁公司的体系优先考虑的是可预见性和可靠性。2016 年，宝洁公司连续第 60 年增加了股息。在推动新的增长点时，为什么追求可预见性会成为一个问题呢？创新成功的故事几乎总是少不了一波三折，一步错，步步错。

可预见性如何干扰创新

Odeo 公司创建的初衷是推出一款可以在苹果音乐播放器 Apple iPod 上编辑播客的软件，这个创意原本不错，但苹果公司随后自行开发出这一功能嵌入了自己的产品。无奈之下，公司创始人威廉姆斯将员工分为两人小团队，要求每个团队花两周的时间开发出让公司成功的任何东西。

杰克·多西和比兹·斯通有一个创意。他们想为人们创建一种能更新个人状态的帖子，并且有意将帖子限制在不超过 140 个字符。没错，Twitter 正是作为一个没落公司的小项目出现的。

Odeo 的原始投资者，包括查尔斯河风险投资公司（Charles River Ventures），本来有机会投资这一创意，但由于其商业潜力尚不明确而失之交臂。截至撰写本书时，Twitter 已拥有 3 亿活跃用户，价值超过 100 亿美元。如果一个公司追求完美的可预见性，就会叫停那些所谓的"小项目"。

UK-92480 的故事也值得我们深思。大约 20 年前，辉瑞公司正在研发这款名字特别的药物，希望它可以降低患者的血压，但是没有成功。事实证明，这种药物具有副作用，其副作用致使男性患者纷纷要求开更多的药。辉瑞对这种副作用进行了研究，并对其优化，勃起功能障碍品类及数十亿美元的重磅药万艾可（Viagra）就此诞生了。如果一个公司追求完美的可预见性，就会止步于失败，更不会研究什么副作用。

回望 20 世纪 20 年代，当时的英国科学家亚历山大·弗莱明（Alexander Fleming）满脑子想的都是如何杀死细菌。1928 年 8 月，他离开乱糟糟的实验室去度假，等他回来的时候，却发现了意想不到的事情：一个培养皿中满是细菌，但是其中某个地方却没有细菌，弗莱明由此发现了青霉素。没错，这个伟大的发现至少是因为一件事——他有点邋遢，没有及时清理试验室，而一家追求完美可预见性的公司肯定会把实验室清理得干干净净。

平衡的挑战

企业领导者面临着两大根本挑战：一方面开发利用现有的东西，另一方面探索发展现在没有的东西。可预见性有助于开发，却可能阻碍探索。转型 A 和转型 B 都需要大量的探索，因为在任一方向上成功的做法都不可能百分之百精准。领导者必须平衡两件事：一是可靠性和可预见性，这样可以做好当下的核心业务；二是好奇心，它有助于组织探索并找到新的成功之路。

好奇心与决策

作为 17 个孩子的家长，我们三个人（吉尔伯特有 8 个孩子，约翰逊有 5 个，安东尼有 4 个）证明人类天生富有好奇心。然而，大多数人在接受教育和参加工作之后，可靠性观念被灌输了太多，而好奇心，就算没有被完全摧毁，也会被埋没。

标准操作程序的存在，是因为人们认为只有一个正确的答案，一种正确方法。解决问题的最佳方法是收集、分析数据并根据分析结果做出决定。多伦多大学罗特曼管理学院前院长罗杰·马丁在过去的二十多年，大多数时间都在探索解决问题的方法。他证实，这种基于数据的理性方法可追溯到两千多年前亚里士多德的早期著作，其基本思想是，有一个普遍真理，而正确的分析方法可以揭示这个真理。

在很多情况下，这种理性的方法是非常有意义的，比如本章开头提到的案例中，新加坡电信公司就是靠着理性的方法确定了如何修复潜在的灾难性问题。极致的训练有素使新加坡电信得以迅速找到并执行了最佳解决方案。电信运营商面

137

临的许多问题，例如优化网络设计，运行计费系统及安装新技术，都适合采用理性的、数据驱动的问题解决方法。

马丁认为，如果当务之急不是"真的吗？"，而是"有什么可能性？"那么通过收集数据、建立复杂的电子表格是无法回答后一个问题的。相反，它需要运用直觉和判断力。这种情况下，好奇心至关重要。

马丁说："我们想一想侍酒师的工作，他们的一技之长是什么？是能准确测量酒精的含量吗？有多少人是因为对酒精含量了如指掌而成为侍酒师的呢？不是的，人们能在盲测中对葡萄酒进行精细的区分，这是基于经验的艺术。"

企业规划师需要在现有业务中优化资源，风险资本家希望发现下一个热门领域，二者在思维方式上存在着根本差异。企业规划师希望每一笔投资都有回报，他们非常重视做详细的分析以及根据时间节点推进，情况异常会被剔出来并被惩罚。

然而，风险投资家从统计学上明白，每一次投资时都很可能不会成功。据统计有75%的风险投资无法产生商业回报，因此大多数投资组合的模式及中位数回报率都是零。产生回报的唯一方法，是弄清楚某家公司能否以尽可能高的资源效率产生正数的回报。那些很有前景的企业会得到投资，没有前景的企业则得不到投资，这个过程很残酷，毕竟，风险资本家拥有一系列的投资组合，但创业家每次只能追求一个创业想法。

如果你要求每个创意都成功，那么，你更适合在目前的业务范围内不断精进。只有这样，你才能完全确定客户做你期望的事情，才能交付你希望交付的东西，商业模式的各个部分才能完全吻合。

对探索拥有好奇心可以影响开发新创意的3个关键因素：资金、聚焦和失败。

资金

一家经营良好的企业如何制定与核心业务相关的投资决策呢？他们仔细收集数据、分析数据、考虑战略选择、提出建议、围绕建议达成共识，最后提交给高层管理人员。实际上决策会议很少做出决策，当流程运行良好的时候，决策已经在精心策划的预会议中做好了。讨论由数据解决，如果领导层不满意，他们会指示团队成员进行更多的研究，加强分析或者与行业专家交谈，然后决策就出台了，决策过程就此结束。之后，由讨论转为执行，根据预先确定的节点考核进度，根据预算来衡量支出，等等。

因为探索者明白他们无法知道正确的答案，所以希望以最少的投入尝试哪些假设是正确的，哪些是错误的，他们的讨论更多的是聚焦在关键的不确定性、最佳的测试机制、新认知和权威数据的对比等方面。

聚焦

第五章介绍了领导者如何将精力集中在最高潜在机会领域。关于双重转型有一个悖论，领导者在制定这些领域的制胜战略时，需要变得不那么专注，历史经验表明，颠覆性创新的可持续战略是通过反复试验才显现出来的。

失败

过去几年有一种奇怪的想法非常盛行，那就是——失败是好事。事实并非如此，失败并不好。谁想让事情不成功呢？很多类型的失败后果很严重，应当去避免。你能想象一位心脏外科医生骄傲地谈论他手术失误而造成某个病人丧生吗？那可一点都不好。如果某件事因为你的愚蠢、马虎或者学艺不精而遭遇失败，那真的不是好事。

人们所说的失败是创新之母，那是在非常特定的情况下谈论特定的事情。处于探索模式下，当然不会预先知道答案。因此可以找出最佳假设，然后找到一种方法对其检验。当探索不可行时，要弄清楚为什么不可行，然后重新分析讨论。如果能这样正确对待探索过程，这种失败就不算失败，而是向成功之路迈进了一步。

我们在第五章介绍了马尼拉水务公司通过关注少数的增长机会来阐明其新的增长战略。高层领导们将新业务与核心业务分别治理的思路既有助于扩大增长机会，又不至于分散精力重新定位核心业务。正如 CEO 格里·阿布拉扎所说："我们建立了一个分别治理的架构，这样，项目、资本投入及人事决策就可以从主要业务或核心业务中分离出来。这使得新业务不受现行体制程序的束缚。"

给新加坡电信注入好奇心

影响电信业的大趋势不可阻挡，在董事会主席伊盛盟的敦促下，新加坡电信意识到必须提高应对变化的能力。集团 CEO 蔡淑君（Chua）在公司 2012 年年度报告中指出："拥抱一种能让创新蓬勃发展的文化非常重要，这需要我们集体的思维方式发生转变——从对失败的厌恶转向不断大胆试验。"

为创新提供安全空间

2010 年，新加坡电信宣布通过名为新加坡电信"Innov8"的风险投资基金向初创公司投资 2 亿新元（约合 9.6 亿元人民币）。投资的部分原因是为了财务回报，但更重要的目的是提供一个载体，让新加坡电信与世界级的创新势力携手。

2012 年，埃德加·哈德拉斯（Edgar Hardless）接任该基金负责人。在之后的几年中，Innov8 基金扩展为一个全球团队，其中包括特拉维夫和硅谷的代表。Innov8 基金在全球各地搜寻新兴主题的高价值投资机会，这些主题涉及移动广告、大数据分析、网络安全及物联网等领域。2015 年，Innov8 基金已投资了 50 多家公司，成为该地区和该行业的首选投资方。

Innov8 基金的早期投资项目之一是新加坡 Viki 视频流媒体网站，该网站提供点播视频，包括世界各地的电视节目、电影及音乐视频，后被日本乐天集团（Rakuten）以 2 亿美元收购。2014 年，Innov8 基金投资了一家热门的物联网平台 Jasper。2016 年，思科公司（Cisco Systems）以 14 亿美元的价格收购了 Jasper。

在新加坡电信的区域合作伙伴（新加坡电信持有其大量股票但非控股的东南亚公司）中，菲律宾的环球电信（Globe Telecom）在开发投资模式方面最为进取。2012 年，环球电信首席执行官欧内斯特·库（Ernest Cu）支持米内特·纳瓦雷特（Minette Navarrete）提出的一项提议，创建了独立投资公司 Kickstart Ventures，由新加坡电信与阿亚拉集团共同拥有，后者是家族企业集团，是环球电信的重要投资人之一。Kickstart 公司的目标之一是在拥有年轻、懂技术的人口的菲律宾打造一个创业生态系统，在 2012 年至 2015 年间，Kickstart 对菲律宾的早期创业公司投资 20 笔。欧内斯特·库对此进展大为赞赏，2015 年年初，他说服董事会拨出 5000 万美元扩大 Kickstart 的投资活动。

鉴于全球市场变化的速度与规模，公司认为企业风险投资越来越重要。这是此类资金形成的第三次浪潮。第一次是在 20 世纪 80 年代，当时风险投资进入主流。第二次是在 20 世纪 90 年代末的互联网泡沫中。前两波浪潮是市场转向的早期迹象：在繁荣为风险资本家创造了丰厚的回报之后，企业纷纷跃入风险投资的海洋，然后，随着泡沫的破裂和收益的停滞苟延残喘。

第三次浪潮始于 10 年前[①]，并在 2007~2008 年的全球金融危机后持续的世界性动荡中幸存下来，这一点表明此次企业风险投资浪潮会继续存在。如果遵循新

---

① 本书英文版出版于 2017 年，此处"10 年前"应指 2007 年前后。——编者注

加坡电信的发展之路，就应当听取学术专家的指导，首先澄清战略意图。是否想最大化财务收益？是否有能力及早发现有价值的创业公司？是否对新兴技术有更直接的了解？能否尽早确定收购目标？然后确保投资结构符合战略意图。想要最大化回报，请雇用与领先风险投资基金匹配的人才，确保他们有机会获得有竞争力的财务回报。如果想及早确定收购目标，请确保以简化交易的方式组织投资。

在启动 Innov8 两年后的 2012 年，新加坡电信按照其双重转型的时间表进行重组。公司设立了一个名为 GDL（Group Digital L!fe）的特别组织（新组织的全称中有一个感叹号，代表着反主流文化元素），以此培育超越新加坡电信传统核心业务的全新业务。为了展现新业务的重要性，GDL 邀请资深的艾伦·卢（Allen Lew）出任领导者。之前艾伦·卢经营新加坡电信在新加坡地区的业务，麾下有数千名员工，创造业务收入数十亿美元。一夜之间，他便"降格"去一家财务收入几千万，只有几百名员工的公司，而且大多数员工不是新加坡电信的本土人才。新加坡电信与新组织合作，宣布了在移动广告领域的第一笔大收购：以3.21 亿美元的价格收购移动广告公司 Amobee。

2013 年，新加坡电信公开承诺未来几年将斥资 16 亿美元在数字领域战略收购。伊盛盟在 2015 年回顾之前做出的这个承诺时指出，该计划的规模足以展示大展拳脚的承诺，但又不至于对公司构成根本风险。（新加坡电信在 2016 年宣布斥资近 20 亿美元收购一些公司的股份，这一金额超过了它在 2010 年至 2015 年在新增长方面的总投资，将其持有的泰国及印度的手机制造商的股份增加几个百分点。）

从 2012 年到 2014 年，艾伦·卢和他的团队处于探索模式中，他们尝试了诸如移动支付、本地信息指南等多个领域，还专为新加坡的独特方言设计了智能手机应用程序 App，当地人称为"新加坡式英语"（Singlish）。艾伦·卢组建了一支多元化的团队，融合了新加坡电信对创新充满热情的资深员工、朝气蓬勃的年轻员工，以及来自其他行业的创新高手。

2014 年底，新加坡电信将 GDL 布局在几个主要的战略领域，比如，在数字广告（收购了更多企业以扩大 Amobee 公司）；大数据分析；网络安全（2015 年初以 8 亿美元收购了总部位于美国的 Trustwave 公司）。由于跟进大量投资，这些领域将成为新加坡电信的重要增长动力。

探索新兴领域（例如智能互联设备）的能力将在未来几年带来回报。2014 年末，艾伦·卢再履新职，接管新加坡电信在澳大利亚的全资子公司澳都斯（Optus）。2014 年，澳都斯公司的收入额约为 80 亿美元，拥有近 9000 名员工。

让领导层接触新思维

新加坡电信公司来自新加坡和澳大利亚的前 100 位领导者每年都会在 TMW（高层管理研讨会）上相聚。2011 年，新加坡电信在北京举办了为期三天的 TMW。在第一天，与会者分成几个小组，参观了当地的初创公司。我们当中的一位（合著作者斯科特·安东尼）负责提供"外部刺激"，带领小组成员研究讨论宝洁公司系统化创新方法以及奈飞颠覆性商业模式案例。

这些 TMW 会议都是在新加坡电信没有消费者的地方（其企业业务为企业客户提供连通及相关服务，在中国有一些业务并意向开展更多业务）举办的。既然北京与大多数与会者没有商务关系，为什么要把会场设到这里来呢？这是有意为之，旨在让新加坡电信的最高领导层接触到新的思维方式，感受到新的文化，并看到被许多人视为古板的中国人焕发出的惊人创新活力。

2012 年，新加坡电信 TMW 在马尼拉举办，团队对市内及周边所有社会阶层的消费者进行了实地考察访问。2013 年，TMW 在新德里举办。新加坡电信的董事会成员主持了在硅谷、以色列和波士顿的会议。

集团 CEO 蔡淑君将这些考察访问描述为加强团队对当地市场了解的重要部

分："我们完全可以让无数演讲嘉宾发言，并向董事会提供大量的文献资料。但这些都远远比不上亲自走进我们经营的市场、参观商店、与客户交谈，或前往以色列、硅谷、波士顿的技术创新中心，看看大型科技公司和小型初创公司正在做什么。"

新加坡电信的人力资源团队定期提出新思路，安排哥伦比亚大学（Columbia University）的丽塔・麦格拉思（Rita McGrath）、阿莫斯・塔克商学院（Amos Tuck School of Business）的维杰伊・戈文达拉扬（Vijay Govindarajan）和哈佛商学院的琳达・希尔（Linda Hill）主持了有数百名新加坡电信员工参加的互动会议。2008 年，新加坡电信的人力资源团队举办"新加坡电信学习节"（Singtel Learning Fiesta），几天的活动使成千上万的新加坡电信员工接触到新的想法，接触到从组织马拉松到管理社交网络等各领域问题的供应商。2015 年，该活动已发展为两万多个"学习空间"，在新加坡、澳大利亚、马来西亚、菲律宾、美国等地举办 170 场课程（现场及虚拟形式）。

所有这些努力，使新加坡电信的领导层乃至整个组织都不断接触到新的思想和思维方式，这样的策略符合创新研究文献中反复出现的发现：在不同的思维和技能碰撞的交集地带，奇迹就会发生。这家充满好奇心的组织不懈努力，通过走出去考察、请进来外部演讲者、在内部定期安排人才在不同的职能和角色轮岗等方式，深深地扎根于培育创新的沃土。

在常规和仪式中强化好奇心

大多数组织，尤其是那些存在了几十年的大型组织，通常都承认好奇心不在他们的企业文化中。什么是文化？借用麻省理工学院教授埃德加・沙因（Edgar Schein）的观点，我们将文化定义为一组假设，这些假设支配着人们的思维和行为方式。通常是关于因果关系的——我们这样做是因为我们知道它会导致那样。

假设的形成是因为团体会尝试各种各样的方法解决经常发生的问题，之后，他们复制那些起作用的方法，放弃那些不起作用的方法。久而久之，就变成了"在这里做事的方式"。

发展更有利于拥抱好奇心的文化，需要找到在日常活动和仪式中加强这种好奇心的方法，使其变为一种默契的文化。新加坡电信家族的成员以及本书讨论的其他公司，找到了实现这一目标的各种方法。

了解客户

在澳都斯公司，有成千上万的员工参加了"客户零距离"活动，活动安排员工跟随客户关系团队在门店里度过一天。"门店日"这一天，员工先花上一小时作为消费者在店里购物，反馈哪些是"很好、奇特和有趣"的东西。之后的两个小时，澳都斯公司的员工以澳都斯店员的身份做自我介绍，然后跟随销售代表实地学习。午休后，他们戴上培训生的徽章，花两个小时做门店店员（当然要有一名正式店员的帮助）。最后，他们在与顾客互动中结束这一天。

这类沉浸式制度是培养员工与客户建立深层次同理心的好办法，引导员工质疑业务存在的某些潜在假设。公司规模越大，领导者和客户之间的差距就越大。领导者应当花更多的时间审视自己、参加审核会议、评估员工表现等，站在顾客的立场上走一走，可以让领导者们直接了解到顾客的生活，从而弥合他们之间的差距。特别是亲身体验，往往能让领导者深刻理解导致客户挫折感的关键因素。

塑造公司的物理环境

公司的物理环境很重要。只要走进一家公司，你就能感受到这是一家什么样的公司。鼓励创新的环境充满色彩、图片、景观和声音，还有足球桌和其他游戏方式。缺乏创新的环境通常有厚厚的地毯、紧闭的门、昏暗的灯光，以及严肃乏味的气氛。创新的环境让背景各异的人群聚在一起，并强化试验和娱乐的氛围鼓励创新。

新加坡电信 GDL 公司有一个根据透明性与协作性的原则设计的专用空间；菲律宾环球电信充分利用了 2013 年搬入新办公楼的机会来强化自身的文化转变，熙熙攘攘的自助餐厅、充足的会议室及开放式的办公空间等设计，促进人们在办公环境中频繁相遇并深入互动。

让试验变简单

几年前，奥多比公司启动了"红盒子"（Kickbox）活动。参与者会收到一个百科全书大小的红盒子。盒子里装的是帮助员工产生创意可能用到的物品。更重要的是盒子里有一张 1000 美元预付借记卡，员工可以在不经过任何人批准的情况下消费。

截至 2015 年，约有 1000 人收到了"红盒子"，这是一笔 100 万美元的投资，也是一千次试验。许多试验不了了之，有些试验启动了新产品开发，有的显现出投资机会。

分享不成熟的创意

尽早分享不成熟的创意，不要等待创意变得"完美"时再说出来，这样做可以产生有用的反馈，还会有积极的溢出效应，组织内其他部门的人可从不同的角度上得到启发，或者避免在类似的事情上浪费时间。新加坡电信通过高层管理会议与广泛的人群分享他们的想法。澳都斯公司在 2015 年年中与 400 名顶尖人士举办了一场全天的创新会议，关键部分是组织走访参观，让人们看到创新在公司的实际应用。

鼓励渴望的行为

最后一个例子来自塔塔集团（Tata Sons），它是印度最大的企业集团，业务范围从茶叶、IT 咨询到汽车，其业务总收入超过了 1000 亿美元。塔塔集团每两年举行一个颁奖典礼庆祝取得的创新成就。其中最令人垂涎的奖项叫作"敢于尝试奖"，顾名思义，该奖项将颁发给尝试失败的团队。2013 年报名参加"塔塔创新家"（Tata Innovista）活动"敢于尝试奖"竞赛的项目超过了 240 个，展示了塔塔公司不断增长的冒险精神和坚持不懈的文化。"敢于尝试奖"嘉奖的是那些勇敢尝试最新颖、最大胆、最认真但没有达到预期结果的想法，该奖项最终被授予塔塔咨询服务公司。2015 年参加"敢于尝试奖"竞赛的项目总数超过了 300 个。

创新能带来两个好处：一是你可以创造价值，二是你可以学到一些东西，为未来开辟创造价值的途径。正如持续创新的爱迪生所指出的："如果我发现了10 000 种无法解决问题的方法，那我就不算失败。我并不灰心，因为每一次错误的尝试往往都是向前迈出的一步。"

机器不会突然变成踢踏舞者，但从 2010 年到 2016 年，新加坡电信明显增强了好奇心文化。2016 年 8 月，集团 CEO 蔡淑君对新加坡电信的变革进展感到满意。

"变革对我们来说不是什么新鲜事。在过去的三十年间，我们经历了许多次变革，并且重新塑造了自己：我们从法定的董事会，到企业化，再到公开上市。如今，我们已经远远超越了单纯提供电信连接的公司的范畴，转型成为提供区域性通信和 ICT（信息通信技术）解决方案公司，业务遍及全球大约 23 个国家和地区。我们是怎么走到这一步的？其间经历的每一次转型都要求公司具备不惧怕变化、不惧怕未来的企业韧性。随着技术的变革、行业的变迁、客户需求的变化，我们每次都做出了具有前瞻性的行动。我相信，正是这种变革和适应的心态，使我们从新加坡业务的前列进一步走在了亚太地区的前列。"

成为一个好奇的领导者

可预见性的问题并不只存在于公司系统中，在这个阶段你也会感到隐隐不舒服。做出第四章中所描述的那种勇敢的决定？那就是领导力的本质。设法为第五章中描述的复杂问题清晰聚焦？你无疑是做出过艰难的决定，明确过努力的方向才达到现在的地步的。本章之前描述的内容可能比平时涉及更多的技巧，运用足够的注意力和关注力，你就可以应对任何事。

请保持好奇心。允许自己笨手笨脚，跌跌撞撞，乐在其中。你年轻时可能曾经好奇、探索、误打误撞、做着玩，但这些已不再适合你现在的职位。那些帮助过你的导师可能也帮不上忙。怎样才能成为一个更有好奇心的领导者呢？本章的最后为你提供四个具体的建议。

找一位"逆向"导师

提到导师，你会想到那些白发苍苍的人。你向导师求助，因为他们经历过你所面临的问题，有过奋斗的伤痛，踩过成功的陷阱。但是当面对颠覆性的变化时，你需要的是另一类导师，他本身就应当是颠覆的一部分，虽然他很可能因年轻而缺乏经验。

赛富时公司的创始人兼首席执行官贝尼奥夫特别重视建立兼容并包的人际网络。他有一些在新技术环境下成长的年龄意义上的逆向导师，如多宝箱（Dropbox）联合创始人德鲁·休斯敦（Drew Houston）。贝尼奥夫说："他是在互联网环境中长大的，而我没有这样的背景，他能看到我看不到的问题，这种视角真的很重要。我不能坐在我的总部假装什么都懂。"贝尼奥夫也有一些职业意义上的逆向导师，比如黑眼豆豆（Black Eyed Peas）的巨星兼音乐企业家威廉姆·亚当斯（William Adams）。在颠覆时期，逆向导师往往能帮助你看到以前看不到的东西。

是的，家长们，这就是你与孩子们一起玩《我的世界》（Minecraft）的绝佳借口。

学习"写代码"

2008 年，戴夫·格莱德希尔（Dave Gledhill）成为星展银行（DBS Bank）的集团高管及技术运营主管，星展银行是新加坡一家领先的银行，截至撰写本书时，其资产已超过 4000 亿新元，市值约为 500 亿新元（分别约合 19 200 亿元和 2400 亿元人民币）。一年后，皮尤什·古普塔（Piyush Gupta）接任 CEO，开始推动积极的转型进程，着重发展数字技术。

所有走向数字化的银行的重要新兴领域是智能手机，星展集团积极探索了印度等市场的纯移动银行业务。虽然格莱德希尔是拥有计算及电子学学位的第四代工程师，但他接受正规教育是在多年以前，那时智能手机和相关应用程序还没有兴起。

"我写代码的时代是 20 年前，那时候还没有这些东西，"格莱德希尔说："我一直在努力深入了解手机内部发生的事情，否则我很难做好一个技术领导的工作。"

格莱德希尔打算开发一个应用程序（App）。一天晚上，格莱德希尔参加一个活动，主人提供免费停车。新加坡每辆汽车都必须配备带有智能卡的读卡器，该智能卡可以与城市的智能收费系统以及几乎每个停车库交互。可惜的是，格莱德希尔忘记从汽车上取下智能卡，因此错失了这次免费停车的机会。不过，这倒给他带来了灵感。

格莱德希尔想，能不能创建一个 App 专门为人们提供基于位置的提醒，即当到达特定位置时提醒你做特定的事情？格莱德希尔心想："你有多少次发现自己说过'当我到这里时，必须要记得……？'"

　　他下载了苹果公司的开发人员工具包，开始一边摸索一边观看苹果大学（Apple University）的视频。学完"自学 C++ 课程"之后，格莱德希尔开发了一个 App，简称为"提醒"（Reminder）。这个 App 骄傲地出现在他的手机主屏幕上，格莱德希尔看出了图标（看起来像一个鞋带结）的确是一根意大利面。

　　格莱德希尔并未在"苹果商店"中正式发布这个应用程序，但他认为这种体验非常宝贵。他说："它使我对设备的工作方式及功能有了深刻的认识，让我能更好地在技术层面为数字银行提供指导，因为我真的知道这是怎么回事了。"

　　例如，这款以定位为核心的 App 需要准确了解用户所在的位置，最可靠的定位方法是通过 GPS 信号。但 GPS 不能在室内使用，如果要发布格莱德希尔 App 的原始版本，需要采取创造性的变通方法。这些第一手知识为格莱德希尔进行决策、解决问题以及与供应商探讨提供了帮助。

　　在格莱德希尔的带动下，几个下属也开始开发自己的 App。他说："当领导者带头做到这一点时，就会形成一种风气，组织中的每个人最好都去学习如何成为数字空间的领导者。"

　　如果你寻求增强对创新文化的领导力，就应当遵循格莱德希尔的领导之道。因为让你对自己毫无第一手经验的技术或商业模式做出决策真的很难。

走出去

　　史蒂夫·布兰克（Steve Blank）在斯坦福大学和加州大学伯克利分校任教，但他并非传统学者。他在职业生涯中积极参与了十几家初创公司的工作，指导了数百家公司。在过去的 10 年中，他成为杰出的思想领袖，讲授如何采用更科学的方法来创建新业务。他的弟子埃里克·莱斯 2011 年撰写了《精益创业》一书，几乎成为所有创业者必读的畅销书。

布兰克 2013 年与鲍勃·多夫（Bob Dorf）共同撰写的《创业者手册》一书题词写道："走出去！"当你接收到的刺激仅限于行政楼层的厚地毯，或是旅途中停留的五星级酒店，那么你很难感到好奇。找到任何可以走出去的借口，然后做以下这些事情。

- 到客户所在地去拜访。
- 与一个正在从事新兴成长型业务的团队共度时光，不是参加精心策划的会议，而是在现场工作。
- 拜访你所在地区一家有趣的创业公司，不是去推销，而是去学习。
- 尽管走出去，一路上不停探索。

间谍小说家约翰·勒卡雷（John le Carré）有一句名言："从书桌观察世界是很危险的。"

拥抱透明化

2006年，当艾伦·穆拉利（Alan Mulally）接任福特公司（Ford）的CEO时，这家美国标志性公司已岌岌可危。公司文化充斥着政治权力和个人地位的斗争。在穆拉利的任期内，该公司宣布第一季度亏损 200 亿美元。

为了扭转公司的局面，曾在波音公司做了 30 年工程师的穆拉利召集了每周例会，让团队提供大量的绩效数据。所有的图表以颜色编码，通常为绿色（好），红色（坏）和黄色（值得关注）。在第一次审核会议中，穆拉利发现自己周围全是绿色图表。

他停下会议对大家说："要么是我们想损失几十亿美元，要么是有人没说出全部真相。"他常说的一句话就是："你管理不好一个秘密。"组织必须透明化，透明是好奇心的关键组成。不是你做的每件事都能成功。当领导者表现出自己也容易犯错，当组织表现出更关心真相而不是面子和内部地位时，就会有助于释放组织潜在的好奇心。

小结

　　未来学家艾伦·凯（Alan Kay）说过："预测未来最好的方式就是去创造它。"无论焦点有多么明确清晰，双重转型都要求你抱着探索多种途径的好奇心，即便任何一条途径的结果都可能是失败。大多数组织的机制是消除变化并提供可预见的结果，而新加坡电信的发展教会我们如何通过以下几点提升好奇心：

- 为探索创造安全空间
- 让领导层接触新鲜刺激
- 将好奇心融入日常工作

　　寻求重新激发潜在好奇心的领导者应当寻找逆向导师、学习新技能、走出去、拥抱透明化。

第七章
坚定不移的信念

变革是领导者面临的最艰巨的工作。这是 J. 斯图尔特·布莱恩（J. Stewart Bryan III）曾经面对的艰难选择。媒体综合集团（Media General）在他的家族中传承了近 150 年，2012 年年初，这位七旬老人手里拿着一件代表着公司全部希望的东西，那是巴菲特的公司发来的收购要约，拟收购媒体综合集团旗下 30 家报纸中的绝大多数。

布莱恩家族与媒体综合集团的联系可以追溯到 19 世纪 70 年代，当时斯图尔特·布莱恩的曾祖父的朋友将弗吉尼亚州里士满（Richmond，Virginia）的《每日时报》送给了他。1927 年，该公司收购了《坦帕湾（佛罗里达）论坛报》[Tampa Bay（Horida）Tribune]，扩大了新闻报纸业务，并在几十年里扩展到美国东南部地区。1955 年，该公司在坦帕湾开设了第一家地方电视台 WFLA，将业务扩展到电视广播领域。1999 年到 2006 年之间，媒体综合集团利用其充足的现金流和强大的支付能力发展多元化业务，花费了 10 亿多美元在东南部购买了 18 个电台。

2003 年，布莱恩辞去了 CEO 的职务，任命马歇尔·莫顿（Marshall Morton）为继任者。布莱恩仍经常出入办公室并担任董事会主席。2006 年，技术变革席卷了整个行业，但媒体综合集团已经站稳了脚跟。公司年收入约为 8 亿美元，市值超过 10 亿美元，拥有 7000 名员工，布莱恩的个人财富至少有几千万美元。

布莱恩、莫顿和领导层其他成员很清楚，行业变革的步伐要求他们积极投入转型，但是变革的步伐超过了团队精心策划的努力。2007–2008 年的严重衰退使整个媒体行业陷于瘫痪。一家对冲基金在 2007 年获得了 3 个董事会席位，并试图迫使公司大幅削减成本。布莱恩通过控制有投票权的股票可以不采纳他们的建议（本书合著者斯科特·安东尼在 2009 年替换了其中一名董事并任职至 2013 年），但随着媒体综合集团为了应对收入下降而削减成本，一系列的裁员干预就开始了。

2012 年，媒体综合集团连续几轮裁员使员工人数减少到大约只有 4000 人。布莱恩一向以一位善良机敏的绅士而闻名，此时他不得不放弃一起工作了几十年的朋友。公司的市值跌至不到 1 亿美元。2013 年，由于公司背负大量债务需要再融资，有传言称它可能要申请破产保护。

布莱恩明白，对于世界传媒公司（World Media Enterprises，该公司是巴菲特旗下伯克希尔哈撒韦公司的全资子公司）的收购要约只有一个答案。实质上，按照巴菲特的要约，他并不为这些报纸支付一分钱，他不过是卸下了拖垮媒体综合集团的重担。完成交割后，媒体综合集团将保留一个稳定带来现金流的广播业务，拥有充足的资产去寻找未来的增长路径。

但是，这样做却让几十年积累的家族产业付之东流！无论分析数字多么清楚，结果都令人黯然神伤。布莱恩和董事会带着沉重的心情批准了这笔交易。

媒体综合集团的故事合情合理。公司在 2012 年下半年出售了最后一份报纸——《坦帕湾论坛报》（巴菲特曾回避购买该报纸，因为他想专注于较小地理区域的报纸）。媒体综合集团在 2013 年与青年广播公司（Young Broadcasting）合并，2014 年收购林传媒公司（Lin Media），2016 年与梅雷迪思公司（Meredith

Corp.）一番激战后，被耐思星传媒集团（Nexstar Broadcasting Group）收购，交易价格近 50 亿美元。交易完成后，耐思星传媒成为美国第三大广播公司，在美国拥有约 175 个电视台，收入超过 20 亿美元。

但取得这个成就的过程，对于组织机构、领导者以及成千上万失去工作的人来说是残酷的。2014 年年初，在回复安东尼祝贺传媒综合集团与林传媒公司合并的电子邮件时，布莱恩如是说：

"我们现在的结构，无论是在运营还是治理方面，都与过去大不相同；尽管这对股东来说似乎是最好的解决方案，但对我和其他一些老员工和同事来说，是悲伤和沉痛的。然而，如你所知，世界已经改变了——有人说变得更好了，有人说没有——但是，过去那种做生意和社交的方式让我怀念不已。"

"不过，再过一个月我就 76 岁了，我一直觉得从事这样一项事业对国家和世界都有好处，我从中得到了很多乐趣。"

不幸的是，布莱恩因房屋倒塌而受伤，于 2016 年年初在耐思星收购完成前去世。

执行双重转型是领导者和团队所遇到的最艰巨的挑战。但是，人们越来越别无选择。本章描述了这个难题的最后一部分——面对可预见的危机时坚定不移的信念。尽管我们研究的每一个转型案例都是独一无二的，但是我们的亲身经历告诉我们，在转型之旅的某个地方，总会存在三类危机——承诺危机、冲突危机及身份危机。在阐述这三种危机之后，我们将阐述如何有条不紊地将转型 A 与转型 B 分开，立足于一个激励性的目标，为危机提供最好的预防措施。

双重转型的三个危机

从根本上改变一家公司并无定法，每个双重转型的故事都跌宕曲折，不同寻常。就像许多伟大的电影都遵循基本的模式一样（例如英雄之旅），踏上双重转型之旅的领导者同样会有面临挑战自己信念的危急时刻。为了真实再现那些时刻（在对个案适当保密的前提下），下面通过一个综合案例研究来展示一下这些危机。

Partzelg 公司是一家市值 20 亿美元的公司，总部位于美国中西部，制造用于各种机动车辆，包括汽车和飞机的元件。在过去的二十年间，该业务表现良好，但其增长速度放缓，预测显示，核心业务将在未来 12 至 18 个月内开始下降。

作为 Partzelg 公司的领导者，乔治（George）感知到颠覆性变化的预警信号后，决定和团队启动双重转型计划，他任命拥有 26 年资深经验的安迪（Andy）领导转型 A，将 Partzelg 公司的核心业务从传统的销售模式转变为租赁模式。安迪承诺最大程度减少销售额的下降，并大幅提高利润率和现金流。但这需要重塑组织，解雇大约 30% 的员工。

伯纳黛特（Bernadette）负责推动转型 B。她和团队将重点放在物联网上。她建议收购一家传感器公司和一家数据分析公司，目的是将它们整合在一起，基于 Partzelg 元件生成的数据提供服务。

这些都是明智之举，但是，当关键领导者开始质疑 Partzelg 公司的承诺时会发生什么：组织仍然在乎 A 业务吗？真的要创建 B 业务吗？在这两方面都会做出艰难的抉择吗？

承诺危机

这是一个周五的下午，乔治有两个小时没有安排任何会议。他想，"这让我松了一口气"，他有了额外的时间来准备董事会重要会议，他计划向董事会正式申请 5 亿美元来支持伯纳黛特的两笔收购。每个商业案例都很扎实，他与关键董事会成员的前期会议也很顺利。他想："再把会议资料打磨一下也没有坏处"，做这些工作让他很振奋。

正当他埋头研究有关事实和数据时，重重的敲桌子声打断了他的注意力。为了促进合作，Partzelg 公司 6 个月前搬到了开放式的楼层，但人们想引起别人的注意时仍想办法像以前那样做个简单动作警醒一下，这在以前很简单，敲个门就行了。

乔治抬起头，看见安迪在他身旁，他问："你过来多久了？"

"大约五分钟，"安迪说，"你看起来聚精会神，所以我不想打扰你，但我们需要谈谈。"

"当然可以，什么事？"

"嗯，我有个问题，"安迪说，"有传言说卡拉（Carla）要离开公司，去一家名叫 SAASUP 的软件服务供应链的初创公司工作。"

乔治心头一紧，卡拉是核心业务中至关重要的人才，她负责管理供应商关系，并且做得非常好。虽然 Partzelg 公司尚未公布全新租赁模式的细节，但转型需要与供应商更紧密的整合，这意味着卡拉的责任将会增加。

安迪继续说："还有，我可不是想让你的星期五更糟糕啊，但是，SAASUP 也给我打了电话，他们公司有巨大的增长前景和蓝筹股投资者，说实话，我不确定我们的元件业务还有多少活力。你一直关注这些收购，这让我不确定我和团队对公司的未来是否真的重要。"

乔治放下报告，把全部注意力转向安迪。

"谢谢你在做决定之前告诉我，"乔治说，"我承认，我在推进这些收购时分散了注意力，因为它们对我们公司的未来很重要。但是，你和你的团队所做的事情也同样重要，甚至更重要，安迪。"

安迪半信半疑。

"没有一个强大而健康的核心业务，我们就没有任何数据可以分析，也没有任何服务可以提供，"乔治揉了揉眼睛补充道，"要知道，我们提供了维持世界运转的元件，我们不是编造故事吸走利润追逐估值的傻瓜初创公司，我们是在为客户做真正重要的事情。"

"我知道。"安迪说。

乔治又说："如果没有你们，就无法实现我们的使命！如果这部分业务运作不佳，董事会和股东会对我们痛批，我们就没有足够的空间全力以赴把握新机遇。"

领导者在推动转型时，容易在转型公式中的 B 业务端花费太多时间，使从事 A 业务的人们担心他们是否有未来。领导者必须竭尽所能，确保 A 业务员工在双重转型中发挥关键作用。

投资于 B 转型的现金来自 A 业务，如果 A 业务的转型被妥善管理，会产生可观的现金流。在传统核心业务中，包含着能使 B 业务与竞争对手进行"不公平竞争"的关键能力。

双重转型初期，领导者容易将时间都花在谈论未来以及公司追求的新方向上，这些变化令人兴奋，绘制这些远景至关重要。但是要确保清晰地传达出转型 A 的工作对于实现长远的成功是多么重要。否则，从事核心业务 A 的人们会感觉自己的工作不重要。有些人自然会放弃在他们看来正在不逆转地衰退的业务，一些能力和技术更适合核心业务的人，会强烈要求加入 B 业务从事"酷酷的"转型工作。在最需要的时候失去最好的人才，就会加速公司螺旋式下滑。

从事转型 A 的团队不只是为转型 B 筹集资金，团队员工必须相信，A 业务本身存在着可行的发展道路，最重要的是它肯定能成功，没有谁愿意负责一艘即将沉没的船。

两周后，乔治利用会议间歇时间处理电子邮件。他看到伯纳黛特发来的一个邮件主题是——"需要谈谈"。

乔治立即发消息问伯纳黛特是否可以今天下午找她谈谈，然后，他给助理发信息取消了下午的日程。伯纳黛特在距离总部约 45 分钟的办公区工作，乔治知道她是最守信的人。

4 个小时后，乔治到了伯纳黛特团队所在的办公区。走进办公室的时候，他不免被这个都市办公区所震撼——时尚前卫的气质、裸露的工业化装置、明亮的色彩和抛光的混凝土地板，这与他们传统的郊区办公区（他称之为"家"）形成强烈的对比。他甚至还看到有个人踩着平衡车经过，他想："最好不要告诉人力资源部。"

他看见伯纳黛特正和副手们进行下午的站立式会议。两人走到咖啡机前喝了杯咖啡，开始了谈话。

"我们就直说吧，"她说，"我的团队想知道，我们是否在认真对待这些收购。当然，我们已经说过了要大胆向新的方向前进，也确实通过这些小交易引进了弗雷德（Fred）和他的团队。但在大的方面，我们进展得太慢了！"

确实，董事会要求对两笔收购中较大的一笔做进一步分析，但是，他看到伯纳黛特的团队与核心业务的正常发展相比进展速度非常快。

伯纳黛特插话说："弗雷德说，他以前见过这样的情况——现任总裁宣布了一些大胆的举措，但又没有勇气坚持到底；雇用了一群人，但从不在大交易上出手。两年后，这项业务的增长速度并不像预期的那么快，于是不了了之。"

乔治点点头说："我们买下他的公司就是为了得到他这个人才。他具备两方面的经验和视角，一是在大公司有第一手的经验，做过我们正在做的事情，二是他建立了一个真正的初创公司，表面很小，但做的事情很有趣，所以我完全理解。"

然后他说："但与此同时，我不确定他是否了解全部情况。他知道董事会已经批准在四年内我们可以花 10 亿美元吗？知道同意你们再招聘 10 个人吗？知道我们将要成立一个风险投资基金了解其他补强收购的情况吗？"

伯纳黛特的声音提高了八度："他怎么会知道这些事情？连我都是第一次听到这些信息！"

乔治应声说："那是我的错，我们已经准备好全力以赴让这一切变为现实。我应该开始安排每周在这里待上一天，不是来开会，而是与团队随意聊聊，让他们看到我们对这项工作的投入。"

乔治虽然在转型 B 上花了很多时间，但是，他没有对 B 团队阐明对转型 B 的资源承诺。一个大公司要推动颠覆性增长会很难，所以领导者需要不断激励正在推动全新增长的团队，而且记住一个显而易见的事实，一个大公司几乎注定不可能比市场水平的创新速度更快，撞上减速带总是令人沮丧。但如果一家大公司能够将其独特的能力与创业精神相结合，其创新能力就能超越市场水平。

在转型初期，B 业务可能规模很小，这为质疑者提供了素材。每一次成功的创新努力都有其失败和错误。领导者需要在至暗时刻保持乐观的态度，并以持续的支持和资源分配的倾斜表现出坚定的决心将组织推向新的方向。

在大多数情况下，领导者必须对转型 B 倾注最多注意力时，恰恰是它步入正轨的时候。2012 年，犹他媒体公司到了关键的转折点。原有核心业务的衰退逐渐放缓，围绕核心业务的创新努力已经加速，更新的尝试开始成熟，整体业务开始增长，它正在朝着正确的方向前进。本书的合著者，犹他媒体的 CEO 吉尔伯特认为，在整个转型之旅中，这是一个最脆弱的时间，因为此时最容易宣告不成熟的胜利，阻碍 B 业务的增长。吉尔伯特说："如果我那时候离开了犹他媒体公司，A 业务可能会把 B 业务吞并，然后干掉它。"在接下来的几年里，组织可能会保持稳定，但由于缺乏强劲的增长引擎，很容易受到下一波行业动荡的影响。吉尔伯特表示，当时，他明确表态将为在公司投资组合中仍处于弱势的新业务努力奋斗。

吉尔伯特认为，这是领导者推动双重转型始终要做的斗争，他用了一个形象的比喻，当病人的动脉被血栓阻塞导致流向心脏的血液减缓时的一种治疗方法："你采用球囊血管成形术撑开动脉，但是血栓又回来了，这就是'再狭窄'。竭尽全力保护并培育 B 业务，但是'再狭窄'的比率非常高；最好置入坚固的支架（网状支架支撑动脉壁），在支架上涂上防止血栓形成的药物，经常检查看是否需要再次介入。领导者这样的工作永远不会结束。"

冲突危机

第二类危机是冲突危机。A 业务与 B 业务之间发生冲突不难理解，难以理解的是有时候冲突的最大起因在领导者与一些关键股东之间。

几个月后，Partzelg 公司的两项收购均已获得董事会批准，市场注意到该公司为推动新增长而做出的努力。乔治履行了自己的承诺，既保证了对未来起关键作用的原有核心业务，又激发了新的增长引擎。收购之后，他和安迪及伯纳黛特开始每周一次例会协调两个业务之间的能力环。在第三次周例会进行到一半的时候，有一个关键问题摆在了面前。

伯纳黛特说："安迪，你必须告诉信息技术（IT）人员，他们回应弗兰克的要求要更快才行，我们需要向客户们提供与当前产品无缝整合的解决方案，否则，我们的整个价值主张会被抛弃。如果不能迅速实施，我们将错失大好机会。"

"我完全明白，"安迪说，"别担心，这是我们的首要任务。"他停顿了一下，然后说："但你们好像不明白，我们必须照顾好这个大客户，否则他们有可能就被新对手抢走了。如果我们失去这个客户，我们就完不成本季度的目标。如果完不成本季度的目标，可能就会影响你的资金。"安迪看着自己交叉在胸前的双手说："我们是真正产生现金流的人——你们只是使用者。我保证，下个季度，你们的事情将是我们的首要任务。"

"别来这套！"伯纳黛特说，"6周前你也是这么说的。我们已经证明了这种整合在市场上的独特优势，但如果我无法获得IT的支持，那就是一句空话。你还没看清大局，安迪。你仍然被困在旧的模式里！"

在两人争论时，乔治进行了反思。他知道伯纳黛特和安迪的观点各有道理。根据当前的客户需求交付是实现近期目标的关键。而新业务的整合是一个真正的竞争优势。他好像在被迫回答所有父母都害怕孩子们提出的问题：我们当中你更爱谁？

"好啦，好啦，"乔治说，"你们俩的观点都很有道理。但我不得不站在伯纳黛特那边。客户的要求是不合理的，我们已经给了他们那么多，我想他们不会真的背叛我们，万一如此，那我们可以调整之前定的目标。这次是我们唯一能把新业务做好的良机。"他转向安迪说："告诉IT部门，将弗兰克的要求放在首位。"

伯纳黛特和安迪的观点各有道理。如果不是乔治出面支持Partzelg公司的新增长业务，核心业务的吸引力肯定会压倒新业务。虽然管理能力环的工作令人为难，但不能下放到组织其他层级，领导者必须站出来积极协调，不能让核心业务的人才感到被抛弃，也要对新业务有所偏向。

任何公司的核心业务都影响巨大。大多数高级管理者都是从这里成长起来的。即使它不再增长，在双重转型的初期，它也提供绝大部分的收入和潜在的利润。转型B的早期胜利不会实质性地改变组织的整体水平。一个聪明的核心业务经理说："我们核心业务一个点带来的收益比所有这些有风险的新业务加起来产生的收益还要多。"核心系统自然会偏向于现有的业务而不是未来的业务。

犹他媒体公司允许数字媒体团队对线上网站的新闻投放拥有编辑控制权，是领导团队重视转型 B 的重要信号。很多报纸公司最关键的时刻是"下午会议"，届时，编辑们浏览所有的报道，最高权威决定最重要的内容登上首页上半版的重要版面，这是业内几代人传承下来的做法。吉尔伯特明确表示，传统的编辑团队可以自由提供内容，但网络内容将由数字团队打造。这表明领导层给了转型 B 与其产生的收入和利润不成比例的关注。

领导者需要谨慎地保持平衡，重点关照新业务而不贬低老业务，两种业务都应当受到尊重。重申一个重点，核心业务既提供现金流投资于新的增长，又具备帮助转型 B 成功的关键能力。

秋去冬来，事实证明乔治错了，Partzelg 公司核心业务的客户被印尼的竞争对手抢走了，而且也没能找到其他业务缩小业绩的差距。不过，伯纳黛特和她的团队超额完成了目标，但她们的营收和盈利处于分析师预期的低端。新的服务业务得到了早期的发展，获得了市场的关注，赢得了一些早期的客户，尽管表现优异，新业务仍然占不到公司总收入的 10%。

会议室窗外飘着雪，室内是乔治在和 Partzelg 的独立董事罗布（Rob）会谈。

"那么，你怎么看待这一切？"罗布问，听起来好像问题并不严重。当初，乔治第一次提出他的战略时，罗布可算是董事会中最坚定的支持者。结果正如乔治所愿，罗布被提名委员会选中，因为他曾是一家大型软件公司的董事会成员，这一工作经验正是 Partzelg 公司创建新业务所需要的。

乔治介绍了他的团队取得的重要阶段性成果，并解释了他们不足的地方。他说，"我们应该对自己的处境感到满意。还有很多工作要做，但明年我们将开始看到一些实际成果，而 2020 年将会是奇迹的一年。"

罗布耷拉着嘴角。乔治很了解他，形势不大妙。

罗布开始说话了："董事会全力支持你和这个转型项目。我们支持你们下大赌注，也花了真金白银，但是，我们需要更快地看到成果。你们承诺拥有更强大的核心业务和充满活力的增长引擎。我听说我们的客户正在流失，而新业务真正做成还要一年，这可不是你们当初承诺的。也许应该考虑放慢伯纳黛特的一些工作，确保我们的注意力不会离开核心业务。"

乔治考虑如何回应。现在的结果几乎与他向董事会当时承诺的一模一样。他一开始就告诉过他们，在转型开始的短期内会有阵痛，几个季度甚至几年可能达不到预期。事实上伯纳黛特做得很好，把所有交给她的目标都完成了，只是创建新业务需要时间。他一开始就告诉董事会，需要关注的指标不是某个月、某个季度的某些数字，而是关注战略及运营的阶段性进展。如果说有什么与当时不一样的，那就是——公司的发展速度比乔治预期的还要快。

于是，他开口说道："罗布，请相信我，没有人比我更关心项目进展，没有人比我更努力带动这支团队。安迪像激光一样聚焦于推动转型的工作，他做得很好。过程会有一些波折。但我们可以退后一步，看看在大的蓝图上，我们处于什么位置。"

像罗布这样提出质疑的，还可能是某个关键投资者、工会领袖，乔治管理团队的一名成员等。双重转型的过程可能令人痛苦，其间可能会出现跑偏或倒退。在一波三折时，领导者需要不断阐明总体愿景和方向，需要对前行的道路充满信心，需要用阶段性成果不断呈现工作进展。转型 B 必须带来成果，否则它会煽起批评者的怒火，他们会高呼："还是做我们擅长的吧。"

在某些情况下，这些谈话还可能更为尖锐，就像当 Partzelg 公司的数据和设想发生冲突时一样。让我们回顾图 0-3 来找到一些启发。图中详述了 2010 年至 2015 年犹他新闻报和犹他媒体数字联合运营的利润。吉尔伯特的关键时刻发生在 2012 年。任职的头两年，他实施了双重转型的许多具体工作：精简核心印刷业务的员工，建立犹他州连线以及从特约记者那里获得新闻内容，创建数字媒体业务团队，并推出一系列以社区为中心的产品。

164

但是公司并没有马上恢复正常。最初的日子里，吉尔伯特确信该策略会奏效，但利润却持续下滑。转型 B 的业务在成长，核心业务下滑速度在放缓，但整体利润仍低于之前的高位，这自然引起了一些质疑，有些质疑的声音甚至来自之前强烈支持团队工作的人。

并非所有的情况都像这样——毕竟吉尔伯特主持转型的时候，是在媒体行业播下颠覆的种子十多年之后，但是，执行双重转型战略所显现的影响，不可避免地滞后于对转型的投入。在此期间，领导层需要坚信事情正朝着正确的方向前进，并给予足够的战略时间来蓬勃发展。

对大多数高管来说，信心是一种稀缺品，尤其是那些必须承受分析师和投资者严厉目光的高管。上市公司的 CEO 需要做好准备与股东们进行艰难的关键对话。

第四章详细介绍了安泰保险公司 CEO 本托里尼在取得创纪录的高利润的情况下，勇敢决定从根本上重新规划这家健康福利公司。一些银行分析师提出了异议，这些银行负责为考虑投资这只股票的人提供研究报告和建议。本托里尼回忆："当我走进一间满是分析师的房间时，我对他们说，'你们要么认为我是傻瓜，要么认为我在对你们撒谎，但这两种想法都不会让我愿意花更多时间和你们在一起。'有些股东对我说你为什么不把股息增加一倍？我想投资于公司的成长，所以我说'某个大股东应该从我们的股票里滚出去'。"

本托里尼采取了深思熟虑的策略，寻找那些理解颠覆的本质以及领导双重转型艰难程度的投资者。本托里尼认为至关重要的是，他的新增长业务必须开发出可持续的商业模式。

"创建新的商业模式是对领导力的挑战。在任何类型的组织中创建新业务，都必须考虑怎样的运营模式能使新业务在商业上可行，并且可长期持续发展。如果领导者不能决定，不能行动，担心员工、团队或组织的阻力，不想力挽狂澜，不想挺身而战，他们应该卖掉公司，退出江湖。"本托里尼表示。

身份危机

最后一类危机是身份危机。转型涉及改变一个组织的根本形式或者内在实质。如何描述现在和将来的组织之间的区别？如何描述以前的与现在的组织之间的联系？在变革旅程还没有开始之前，在缺乏完美数据的情况下，怎样才能传达变革的需要和潜在的影响呢？

能预见并且克服这种身份危机至关重要。让我们到 Partzelg 公司的夏季派对去了解更多的信息。

该公司往年都会组织夏季派对，这次活动策划小组把派对变成了一个下午的家庭主题活动，租下了当地的一个主题公园。员工的孩子们在游乐设施上尽情旋转，大人们在一旁深情地看着，每个人都在尽情享受这来之不易的闲暇时光，这一年间，每个人都在努力推进转型的进程。

晚上烧烤时，乔治 13 岁的女儿凯蒂（Catie）加入了他和他的几个老同事的聊天，她认真倾听并且提出了一些睿智的问题，乔治感到非常自豪，这些问题显示了她良好的倾听能力和商业直觉。

"爸爸，"谈话结束后，凯蒂问道，"你们公司具体是做什么的？"

"你知道我们是干什么的。"乔治回答，"我们生产用在飞机和汽车上的元件。"

凯蒂答道："我也是这么想的，但是萨姆（Sam）和艾利森（Allison）一次也没有提起过这些东西。我也和其他人聊了他们的工作，也没有人谈论这些东西。莎莉谈论的是她正在开发的很酷的 App。艾德（Ed）谈论了他如何与亚马逊合作，这些和卖东西真的不一样。"

乔治笑了："我不敢相信你竟然一直在和人们聊工作！"他说，"你是对的。我们一直是做产品的公司。但我们一直在改变。我们说清楚这些事的方式还没有赶上它们变化的速度。"

帮助十几岁的女儿理解聚会上的谈话，这对于大多数 CEO 来说似乎不是当务之急，但是凯蒂的困惑说明了转型过程中最隐蔽的危机之一。一个组织的主导基因是它留下的宝贵遗产，即它的核心业务，也就是 A 业务。即使 B 业务发展到成为主要的收入和利润来源时，A 业务的主导基因也会产生重大的影响。

如果没有一套明智的计划来沟通并巩固这些变革，来自保守派的压力就可能将组织拽回到变革前的故态。Partzelg 公司的案例研究以乔治为主角，本书中的案例研究也是以高层领导者为主角，但超级英雄不是万能的。如果想让企业以本质不同的方式运作，就要把变革渗透到基层的系统和结构中去。首先要清晰地表明公司的本质已经发生了变化。记住第五章中关于转型的简介材料。乔治用对组织有意义的语言说——Partzelg 是做产品的公司，但它正朝着一家提供解决方案的公司这一方向发展。

身份危机悄悄来临，看似缓慢发展的行业也可能迅速改变。以杨百翰大学爱达荷分校为例，吉尔伯特在 2015 年成为该校校长。回想一下，这所学校在 2000 年从瑞克斯学院发展而来，后来成了它的姊妹机构——犹他州普罗沃的杨百翰大学的教学伙伴。在杨百翰大学爱达荷分校的年度校园招生人数接近其兄弟院校时，其在线课程招生人数也大幅激增，超过了校园课堂的招生人数，在该大学的 6 万名学生中，有超过 50% 的人不必到校上课（见图 7-1）。成立不到 20 年，这所大学已有网络大学的新身份。

夏季派对接近尾声，乔治伫立一旁，一边喝着饮料，一边看着夏日美丽的夕阳。在人们享受彼此陪伴的喧闹声中，思绪又回到了董事会上，他的推进计划终于获得了批准。

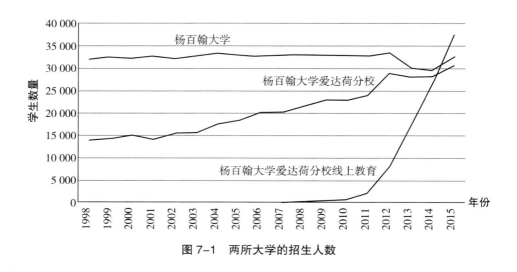

图 7-1　两所大学的招生人数

结果当然不是天注定。在讨论之前，乔治和董事会的每一位成员都谈过，他知道董事会里的支持者、质疑者与持中立态度的人人数相当，他整理了一份 120 页的 PPT 文件，详细介绍了行业趋势和复杂的模型，展示了采取大胆行动相对于观望等待的明显优势。但是，这些趋势在当时仍在发展，而这些毕竟也只是模型，质疑者很容易将其驳回。

在给小儿子霍勒斯（Horace）读一本书时，乔治顿悟什么能真正改变一场谈话。书中描述了一条名叫提德勒（Tiddler）的小鱼，它经常上课迟到，并且编了各种各样的故事来解释自己迟到的原因。有一天，他迷路了，后来他是怎么回家的呢？原来，小鱼提德勒的故事传遍了整个海洋，他挨个问传故事的人是从谁那里听到这个故事的，就这样顺藤摸瓜找到了家。提德勒说："我迷路了，我很害怕，是故事又把我带回了家。"

对，讲一个故事！

这正是乔治欠缺的。尽管 PPT 文件中提供了大量的数字，但由于数字背后的不确定性，他无法用数据服人。当然，数字必须能说明问题，但在他的策略核心，必须有一个令人向往的故事。

　　终于到了召开董事会会议的日子。会上，乔治先让董事会成员们闭上眼睛。然后他开口说话了。

　　"你们想象一下 10 年后在这个房间里的一次会议。闲聊完切尔西·克林顿的政治生涯之后，你们开始谈正事。议事日程上的第一项是回顾去年的业绩。首席财务官——让我们称她为艾比——首次汇报了来自美国以外的利润如何占到我们总利润的三分之二以上。海外盈利能力飙升的一大推动力是端到端的数据驱动服务，随着公司规模的扩大，这些服务变得越来越强大。

　　"艾比说：'一切都在完美和谐地运转。传统业务继续缓慢下滑，但我们仍然是品类的领导者，我们的产品为从事解决方案的销售团队提供了一个关键入口。解决方案的业务变得足够强大，我们能够把这种服务卖给完全不相关行业的制造商。'"

　　坐在桌子周围的人们都纷纷点头。

　　"艾比继续说：'证券市场没有把我们视为一家工业公司，而是一家高增长的科技公司，因为我们确是如此。我们再次感谢上一代领导者的远见卓识，把我们引上了这条征途。'当三个白发苍苍的老领导微笑着把头靠在一起时，室内响起了阵阵掌声。

　　"当然，我们也面临着挑战。在仅仅两年的时间内，有一家来自新加坡的创业生态系统创业公司，凭借其全新的商业模式，已经成为服务市场的第二大玩家。同时，我们的两个最大竞争对手在多年的表现不佳之后终于合并了，这给我们核心业务的市场带来了价格压力。

　　"但未来的 Partzelg 公司会更好地应对这类挑战，这是因为过去十年发生的变化使我们的公司不一样了，它可以更高效地完成使命，使交通运输更安全、更有效率。"

那次董事会会议结束后很长时间，乔治仍沉浸在一种满足感之中。他讲了一个令人向往的故事，展示了 Partzelg 公司发展的前景，在转型早期结果还不明朗的情况下为他赢得了时间。他还用同样的故事，说服了伯纳黛特从核心业务的职位转到了还不确定的新增长业务部门。

的确，正是这个故事把乔治带回了"家"。说到回家，乔治从幻想中回过神儿，对家人说："走吧，孩子们！该回家了。"

为双重转型危机做好准备

按照本书的指导方法，应当用稳健的策略和令人向往的故事说明你们在做什么，为什么这样做。在缺乏完整数据的情况下，建立指导理论，尤其是关于颠覆性创新的理论，对于做出令人信服的预测将有很大的帮助。还应有基本的衡量指标，作为成功的早期证明。吉尔伯特新业务的增长，尽管规模不大，但是两位数的增长率令人振奋，让人们确信整个组织正朝着正确的方向前进。

在第八章将引用高管们对转型过程中各个关键环节的感悟、见解或建议，作为《双重转型》的总结。在此之前，我们给你两条一般性的建议，以便你对双重转型过程中很可能会遇到的危机做好准备。首先，要不断重复这句口诀："各就各位，各负其责。"其次，把努力建立在一个激励人心的目标上。

口诀：各就各位，各司其事

通常，对于正在推动双重转型的领导者们来说，最大的挑战之一就是要同时表彰在转型 A 和转型 B 中辛勤工作的高管们，让他们专注做好自己的工作。吉尔伯特在犹他媒体公司的职责之一就是制止印刷业务团队对数字业务团队进行善意的干预，反之亦然。有句谚语说："如果骆驼把鼻子伸到帐篷里，它的身体很快就会跟着进来。"吉尔伯特的工作相当于"抵住骆驼的鼻子"。

除了指定的领导者对转型 A 与转型 B 之间的能力环进行谨慎的管理之外，转型 A 应当远离转型 B。这种情况不适合民主讨论，让 A 团队和 B 团队争论未来是没有意义的。正如吉尔伯特所说：

"把大量的组织精力浪费在无休止的争论上，会带来两个问题。首先，在组织中造成了对冲突的关注而不是寻求解决方案。其次，对另一方的顾虑常使你们无法找到更有效的解决方案。

"我犯过的错误就是花了太多的精力向 A 解释 B 有多重要，以及我们为什么要大力发展 B。赋予 A 一个明确的、激励人心的、独特的作用，然后为 B 分配单独的资源、能量和关注，会使努力的结果好得多。无论是在犹他媒体公司，还是作为大学校长，我必须学会的一件事就是，必须为 A 制定明确的角色、目的、使命及战略，必须做到引人注目，使 A 的员工不想在 B 上分心浪费时间。同时，还需要为新的 B 业务提供在工作焦点、自治以及能量方面的支持，使其成功获得所需的资源。

"从领导力的角度看，双重转型将重任放在了 CEO 的肩头：你对 B 的进展感到兴奋，无时无刻都想提到它。不过，你需要强调 A 的重要性，让在 A 工作的员工听到这些话，感受到激励，而不至于军心涣散。"

这就是"各就各位，各司其事"。领导者的工作之一就是发现并管理不同业务之间的交互工作。"超级英雄并不是万能的"，不仅高管如此，每个超级英雄都有脆弱之处（例如超人怕接近氪元素），这就是为什么有些 A 业务的高绩效明星在 B 业务中却表现不佳。当然也有一些人才，他们的确具备思维的灵活性及多元化的能力，可以在 A 与 B 两种转型中都发挥作用。例如在杨百翰大学爱达荷分校，有些教师在线下课堂和线上课堂都能高效授课。但如果不能围绕新组织建立体系，就会造成对少数人的依赖，就无法扩展规模，在与其他学院合作时也会遭遇失败。解决办法是"各就各位，各司其事"，如果让每一个人做好每一件事，谁也做不好。

激励人心的目标

1960 年，莱维特在《哈佛商业评论》提出了一个开创性的观点，即"营销短视症"。批评有些企业无视自身业务的本质，盲目应对竞争对手的挑战，最终被淘汰。为了避免这种情况，莱维特劝告领导者们问自己一个问题："你真正从事的是什么业务？"时至今日，提出这个问题仍然是重要战略对话的有力途径。

你的公司为什么存在？彼得·德鲁克说过一句名言："企业的关键在于创造顾客。"几乎每一个组织都是从其人性化问题开始的。一群人聚在一起，为某个人解决某个问题，如果它为足够多的人解决了这个问题，那这个组织就赢得了成长和发展的力量。领导者与早期客户或利益相关方关系密切，知道他们的名字，非常了解他们，甚至成为一生的朋友。

莱维特指出，然而，慢慢地，公司不再以为顾客做什么定义自己，而是以销售的产品或竞争的类别来定义自己。20 世纪 50 年代，铁路公司将自己定义为铁路公路公司，但如果他们从顾客的角度看自己，就会发现自己从事的是运输、物流和通信业务。这样，铁路管理人员就能更好地理解挑战和机遇，即从他们头顶飞过的飞机、铁路沿线的电话线及电报线所代表的机遇。

现在的情况更糟，如果你问大多数公司为什么而存在，答案不是为了销售特定的产品或服务，更不是为顾客提供服务，而是为了股东价值最大化。哈佛商学院教授克里斯坦森说，很多经理人的主要工作就是"收集、整理和搬运数字"，而且是短期的数字。膜拜克里斯坦森说的"金融教会"而削弱了公司的竞争优势，使公司失去了对创新投资的能力，而这恰恰是在暂时具备竞争优势之时推动不断创新的必要因素。

2010 年，克里斯坦森在哈佛商学院毕业典礼上讲话，这"最后一堂课"的演讲广为流传。哈佛商学院以基于案例的教学法闻名，做法是学生先阅读 20 页的情境描述，然后教授主持讨论，总结出管理的一般性经验。在学期的最后一堂课中，许多教授以分享自己的生活和信仰作为收尾。

当时的克里斯坦森是一位战胜了癌症、心脏病、中风和长达 30 年的 1 型糖尿病的幸存者，他介绍了自己如何用他教给学生的理论模型指导个人决策。在 2010 年《哈佛商业评论》发表的对该演讲的总结文章中，克里斯坦森阐述了树立人生目标的重要性：

"这些年来，我亲眼目睹了我的哈佛商学院同学从 1979 年开始展开的人生命运，我看到越来越多的人闷闷不乐地来参加同学聚会，他们离婚了、与孩子们很疏远。我敢说，当年他们毕业时，没有一个人想要离婚、想要与子女亲情疏远，没有人刻意做过这样的计划。"

在克里斯坦森看来，根本问题在于"他们在决定如何利用自己的时间、才能和精力时，没有把生活目标放在最重要的位置。没有聚焦于明确目标的一系列渐进式决策，往往会导致意想不到的结果。"

一个新时代

世界上最伟大的创新之一就是有限责任公司，有限责任公司就像一个独立的个体，独立于其投资者和经营者，这种创新使组织和投资者能够承担新的风险，发展新的模式。然而，有些东西却使公司发生了扭曲变态，2011 年发表在《今日心理学》(*Psychology Today*) 杂志上的一篇文章就曾指出，企业表现出了精神病患者的属性。

近几年，许多批评家指出，股东价值最大化的时代应该结束了。包括克里斯坦森、罗杰·马丁（多伦多大学罗特曼商学院前院长）以及哈佛商学院传奇人物迈克尔·波特在内的顶级商业思想家都认为，事实证明，单纯追求股东价值是一种有缺陷的范式。学者兼顾问迈克尔·詹森（Michael Jensen）于 1976 年与威廉·麦克林（William Meckling）合作发表过一篇开创性的文章，提出企业要关注股东价值并要以此作为考核高管的衡量标准，主张用大量股票激励激发其主人翁精神。但现在，连詹森本人都因为自己这一主张造成的意外影响而深表遗憾。杰克·韦尔奇（Jack Welch）1981 年在纽约皮埃尔饭店（Pierre Hotel）的演讲中宣称"迎来了股东时代"，他声称，通用电气（1981 年至 2001 年韦尔奇担任董事长兼 CEO）将会更加专注于实现对投资者的最大回报。但 2009 年时，他却表示优化业务以实现股东回报是"世界上最愚蠢的想法"。

领导者在双重转型中的当务之急，是围绕一个激励人心的目标团结 A 团队与 B 团队的领导层，这个目标是黑暗中的一盏明灯。吉尔伯特发现在组织转型的旅程中，犹他媒体公司的使命宣言（直达世界亿万受众的值得信赖的光明与真理之声）起到了至关重要的推动作用，它把重点放在了巩固公司大家庭和维护信仰上，帮助公司团结统一，阐明了转型 A 的重要性，为重大战略和日常决策提供了指导方针。同样，安泰保险公司把目标聚焦为改善和扩大人们获得保健服务的机会。Partzelg 公司的 CEO 乔治也是不断重申其组织目标是促进交通运输。将努力扎根于这种共同的使命中，让 A 团队与 B 团队都为对方的成功而欢呼。定义和强化共同的使命感是推动双重转型的高层领导的核心职能。

许多伟大组织都有着明确而令人向往的组织目标——为客户创造价值。强生公司对公司宗旨尤其看重，将其用花岗岩深深印刻在新泽西州新不伦瑞克省（New Brunswick，New Jersy）的公司总部，世界各地的强生办公室里也都标有公司宗旨。强生公司的宗旨将服务对象（医生、护士、患者、母亲和父亲）的需求放在首位；员工放在第二位；服务的社区放在第三位；最后是股东。它认为："当我们按照这些原则运营时，股东应当可以实现公平的回报。"

看到以下这些宗旨，你或许能猜出这是哪个公司的。

- 以客户为中心，让客户想在线购买的任何商品应有尽有。
- 赋予人们分享的力量，让世界更加开放并紧密连接。
- 积极寻求长期高影响力的效益并果断优化各种技术。
- 尽快将有吸引力的大众市场电动车推向市场，加速可持续交通的到来。
- 组织世界上的信息，并使其具有普遍性和实用性。

第一个是亚马逊的，第二个是 Facebook 的，第四个是特斯拉的，第五个是谷歌的。第三个是干扰题，是从某个提供组织宗旨的网站上随机摘抄下来的。

一座有宗旨的监狱

利用组织宗旨加速转型的一个案例来自新加坡。这个组织遇到一个特别的问题：客户回头率太高，降低了员工的积极性。究竟什么样的组织不喜欢回头客呢？

答案是监狱。

1998 年，由政府运营的新加坡监狱管理局（SPS）濒临危机，监狱人满为患，导致 SPS 很难招聘到监狱工作人员。1999 年，监狱长蔡清杰（Chua Chin Kiat）领导了一项为期一年的活动，确保监狱落实新的宗旨宣言："我们渴望成为犯人生活中的船长，发挥重要作用，在家庭和社区的帮助下，引导他们成为负

175

责任的公民。我们将建立一个安全模范的监狱系统。"

在以后的十年中，该监狱犯人的累犯率从 44% 下降到 28%，SPS 已成为世界上最高效运转的系统之一。

改变现状是一项艰巨的工作。如果你只是激发人们保住红利，或者将投资回报率从 13.2% 提高到 13.6%，希望通过这样的方式激励人，那会举步维艰。

双重转型应当以激励人为基础。要让组织超越盲目的数字管理，为客户和员工创造价值，围绕清晰明确而振奋人心的目标组织起来。最终，股东以及那些关心公司长期业绩的人们，都会因此感谢你。

小结

面对颠覆性变革，双重转型是领导团队面临的最大挑战。摸索和失败是不可避免的。在这个过程中，领导者需要为三类危机做好准备。

1. 承诺危机。转型 A 需要让员工感觉放心，而转型 B 需要让员工感到被激发。
2. 冲突危机。领导者需要在转型 A 与转型 B 之间调停，并对转型 B 表现出偏爱，化解来自主要利益相关者的批评。
3. 身份危机。领导者需要抓住并解释组织转型的本质性的理由以及转型所取得的实质性的成果。

应对危机，不断重复"各就各位，各司其事"的口诀，围绕激励人心的宗旨而切实努力。

第八章
来自双重转型之旅的明信片

双重转型没有捷径可走。面对市场动荡，驱动双重转型的领导者需要重新定位其核心业务，这可能会涉及大量削减成本。领导者必须并行创建强大的、具备颠覆性的新增长业务，新的业务并非完全独立于核心业务，而是需要精心储备并积极管理的能力衔接。获得成功需要领导者有勇气在数据清晰之前进行抉择，清晰聚焦于最大的潜在机会，面对不确定性时怀着探索的好奇心，面临可预见的危机时抱有坚定不移的信念。正如本书中施乐公司的案例所展现的那样，成功的回报是，当下一次"创造性破坏"的大风席卷而来，你有机会重来一次。

本书分享这些案例，是希望帮助你建立信心、相信双重转型是可能的，并为你提供一套工具，在你踏上自己的双重转型旅程时给你帮助。为什么使用"旅程"这个词呢？流媒体视频投入商业运营4年才占到奈飞公司总收入的一半以上；吉尔伯特在犹他媒体公司的双重转型花了6年时间；奥多比公司花了7年时间才将数字营销规模扩大到其传统业务规模的三分之一；乔布斯重返苹果公司担任CEO是在1998年，10多年后，人们才真正感受到其产品的全面影响；施乐公司的双重转型持续了15年。在所有这些案例中，没有一个领导者能挥舞拳头宣告胜利、策马扬鞭而去。

转变一家公司的确是一段不可预知且看不到尽头的旅程，因此需要足够的耐心、自律及持续的注意力。不要指望在一个商业季度快速完成转型，你需要做的是想出办法在未来 3 年之内如何平衡各项活动。本书的附录包含了一个简单的模板，列出了可以考虑对转型之旅筹划的近 20 个阶段性成果以及一些工具和讨论指南，旨在帮助你实现本书的理念。

将双重转型视为一段旅程，可以让你在挑战出现时坚定信念。第七章所描述的危机可以预见，确切的时间却无法预知。需要经年累月才能完成，这种想法将帮助你从容应对任何事件并做出适当的反应。

在最后一章，我们将分享一些领导者的语录，集结他们在旅途关键时刻学到的经验教训及真知灼见，并按照第七章中描述的三类危机进行分类。让我们先认识一下将在本章出现的各位主人公，然后再来细数 14 个特别时刻。

领导者简介

本章将与你分享几位领导者关于转型之旅的第一手语录，他们分别来自六个组织——安泰保险公司、亚利桑那州立大学、马尼拉水务公司及新加坡电信公司。另外两家公司——福特公司与和塞特门特音乐学校（Settlement Music School）仅在本章出现。以下是六位领导者的简介，按其所在组织名称的字母顺序排列。

安泰 CEO 兼董事长：马克·本托里尼

本托里尼于 2010 年 11 月成为安泰保险公司的首席执行官，并于 2011 年 4 月成为董事长。他在 2003 年加入安泰保险公司之前，供职的企业既有一些大型保险公司（信诺保险和纽约人寿），也有新创保险公司（Select Care）。本托里尼对医疗改革的热情与其个人遭遇有关，他的儿子在 2001 年被诊断出患有一种罕见的癌症，这痛苦令他感到锥心刺骨。

从 2010 年起，本托里尼率领团队开始了安泰保险公司的双重转型工作，从向企业销售健康保险，转型为向消费者直接销售保险产品（转型 A）以及向供应商销售 IT 解决方案（转型 B）。安泰保险公司当时的收购都是大手笔，从 5 亿美元收购 Medicity，到尝试收购 Humana（收购的结果在本书撰写时尚未揭晓）。下文中引用的本托里尼的话源自我们在 2014 年和 2015 年与他进行的一系列讨论。

亚利桑那州立大学校长：迈克尔·克罗

克罗于 2002 年 7 月成为亚利桑那州立大学的校长。他是一名水手的儿子，在学术界工作多年，就职于亚利桑那州立大学之前曾担任哥伦比亚大学的执行副教务长，帮助制定了哥伦比亚大学的在线教育策略，并且是肯塔基大学和艾奥瓦州立大学的教授。加入亚利桑那州立大学后，克罗致力于创建"新美国大学"，并在多个精选领域追求卓越的研究水准，在亚利桑那州立大学校园推行增强数字化无障碍教学，创建强大的在线平台，将教育带给更广泛的人群。

克罗说："我们沿用了经典的大学结构，通过改变教师文化、学生文化和机构设置使之高度现代化。这给学校各个维度都带来了巨大变化。"在 2016 年 9 月与本书的合著者斯科特·安东尼的一次访谈中，克罗形容亚利桑那州立大学的转型是从一家"僵化、官僚、公共机构式的公立大学"转向了一所"高速度、高适应性的公立企业型大学"。

福特汽车公司董事长兼 CEO：马克·菲尔兹

马克·菲尔兹（Mark Fields）于 2014 年 7 月成为福特汽车公司的董事长兼 CEO，他毕业于哈佛商学院，1989 年加入福特，1998 年至 2000 年担任福特子公司马自达汽车公司的负责人。2005 年，菲尔兹成为福特汽车公司美国业务部的负责人，领导制定了名为"前进之路"（the Way Forward）的计划，该计划帮助福特汽车公司在无须政府救助的情况下成功度过了 2007—2008 年的全球金融危机。菲尔兹担任 CEO 之后不久，发起了一项雄心勃勃的行动，精简、重振福特的核心汽车业务（转型 A），同时积极创造新的移动服务业务（转型 B），力求将福特从一家汽车公司转变为汽车与移动服务公司。书中的相关引文来自本书合著者马克·约翰逊 2016 年 8 月对菲尔兹的采访。

马尼拉水务董事长兼 CEO：格里·阿布拉扎；首席运营官：克鲁斯

格里·阿布拉扎于 2009 年加入马尼拉水务公司董事会，并于 2010 年成为董事长兼 CEO。他曾在阿亚拉集团旗下的姊妹公司环球电信担任 CEO 十年。克鲁斯在 2011 年加入马尼拉水务之前，曾在环球电信与阿布拉扎共事。

阿布拉扎和克鲁斯是在马尼拉水务公司历史上最为关键的时刻到任的。当时公司已经解决了在 1997 年成立时试图解决的问题——为马尼拉东部的 600 万消费者提供基本饮用水。二人到任后，联手发起了双重转型，志在让公司净收入翻一番。其转型 A 涉及从根本上重组马尼拉水务现有市场的业务，并开发了一种新的"水务服务"的模式，使马尼拉水务扩展到新的地区。转型 B 包括建立一个新的服务产品组合。

本书引述的阿布拉扎和克鲁斯的语录，来源于 2016 年 8 月安东尼对他们二人的采访，两位高管都认可马尼拉水务公司的转型还在路上，阿布拉扎说："我们就像刚站起来的婴儿。正在学习新技能，并试图发展新能力，以便学习如何走路，如何跑起来。"

塞特门特音乐学校执行董事：海伦·伊顿

2010 年，海伦·伊顿（Helen Eaton）成为塞特门特音乐学校的执行董事。塞特门特音乐学校是一家非营利性组织，在费城地区提供音乐教育服务，有着100 多年的历史，学校的 6 个分支机构，一般每周提供约一万堂课，供 5000 名学生学习。伊顿是曾在茱莉亚音乐学院（Juilliard School）受训的优秀音乐家，到任后很快着手组织转型工作。

学校的转型 A 不再限于青少年儿童等传统意义上的目标受众，转而为成年人提供新的服务，例如成人摇滚乐队等，将学校设施重新定位，成为成年人社交连接的社区，在那里，起初陌生的成年人，每周在一起聚会，得到专家的指导，借由音乐彼此连接互动。学校的转型 B 与当地其他机构合作，让费城地区所有的孩子都能平等地获得音乐教育机会。伊顿的用心经营为塞特门特学校赢得了大量有声望的资助，将在当地及其他地区产生持久的影响。

新加坡电信公司 CEO：蔡淑君

蔡淑君于 2007 年成为新加坡电信集团的 CEO。新加坡电信是东南亚最大的电信公司，拥有超过 6 亿用户。在 2016 财年，新加坡电信本地公司及澳大利亚的全资子公司贡献了近 170 亿新元的收入和 50 亿新元的税前利润（分别相当于约 815 亿元和 240 亿元人民币），对于区域运营商的大量投资，如，在菲律宾、泰国（AIS）、印度和印度尼西亚（Telkmosel）等市场的投资，贡献了 28 亿新元（约合 134 亿元人民币）税前利润。

蔡淑君于 1989 年加入新加坡电信担任财务主管，之后担任过各种关键职务和首席财务官，直到担任集团 CEO。自 2010 年，蔡淑君和她的管理团队制定了双重转型战略，将核心业务从语音转型为数据，并创建了新的数字业务，将新加坡电信扩展到广告及网络安全等市场。下文引述的是安东尼 2016 年 10 月对她的采访内容。

承诺危机

你们的传统核心业务是否有未来？是否真的打算投资于新的增长？当新增长业务失败时，你会怎么做？以下是一些领导者阐述他们是如何承诺做出转型、如何处理挫折以及如何利用好现有业务的优势的。

论做出转型的承诺

菲尔兹（福特汽车公司）：

"我们公司过去总是在需要背水一战的时候才会考虑新战略。虽然现在我们的业务有了坚实的基础，没有出现'燃烧的平台'。但我们所在的行业正在发生惊人的变化，有一些对汽车行业感兴趣的非传统竞争者，也有一些老牌竞争对手在做一些新的事情。一个真实的声音是——我们必须应对这一切。我们有机会积极地保障我们的未来，而不是被动地保障未来。"

克罗（亚利桑那州立大学）：

"让老师们确信他们应当成为'以学生为中心'的大学文化的一部分，这件事比我想象的要容易。人们已经有了思想准备，这样也更容易找到打破部门和学科障碍的方法。的确有人提出反对，但这不足以阻止改革的进行。大学老师们的创造力和设计能力很了不起，比我想象的还要强。"

本托里尼（安泰保险公司）：

"我不认为转型是一蹴而就的事情，依我看，这是一个持续的过程。我供职过的每一个组织都在不断变革。每个人也都面临同样的问题，我们需要把自己看作实现这一目标的领导者。工具在那里，想法在那里，理论在那里，但是归根结底，我们必须有勇气开始转型之旅，并让它成为现实。"

论转型 A 的关键作用

蔡淑君（新加坡电信公司）：

"对我们来说，转型 A 实际上更重要，因为我们必须让核心业务发展好，以此赢得进行转型 B 的资本。我是从一个上市公司的角度讲的，上市公司的股东期待收益和增长。人们似乎认为，改变核心业务不如创建新业务引人注目，这是一个误解。如果你回顾新加坡电信的历史，就会发现我们的核心业务曾经是电传和电报。那时国际直拨（IDD）是主要的收入及利润来源。今天，我们的业务都是关于数据，包括移动数据和固定数据。所有这些都是围绕着核心业务的转变。如果没有这种转变，我们可能会变得无足轻重。事实上，有一些电信公司的生计完全依赖国际长途电话，它们从来没有改变过自己，以至于现在完全消失了。"

论挑战，挫折和过失

菲尔兹（福特汽车公司）：

"人们容易说我们现在的工作比前辈们更艰苦，因为我们面对的是前所未有的全新的商业要素，但我并不这样看，40 年前的前辈们有他们需要面对的问题和危机。对于这一点，我们最好不要过虑，否则就会很快陷入瘫痪的深渊，这其实更像是'事情很难，世界很大。好吧，我们确实走到了一个转折点，就让我们一起来解决吧'。"

克鲁斯（马尼拉水务公司）：

"这并不容易。我对其他领导者的建议是，你从核心业务中获得的越多，就越需要具有适应力，并为仍在战壕中学习的团队提供支持。我们的设想曾经有很大的偏差。借用迈克·泰森的比喻，'我们被狠狠地打脸'。因为我们会变得缺乏耐心，所以必须不断提醒自己这是一个过程，你必须相信这个过程。"

伊顿（塞特门特音乐学校）：

"转型就像坐过山车，你会经历大起大落，有时你对自己所做的事情非常笃定，有时又会陷入深深的怀疑。转型绝非易事，如果它很容易，那么每个人都会去做了。在这一过程中，我们有过很多成功，也有过一些失败，并且建立了评估成功和失败的系统以便从中学习。转型让我们加深了对受众的了解，因为我们提出了正确的问题，并做出了深思熟虑的回应。这一切都让组织有能力做出更有影响力的工作，所以我们变得更有雄心壮志，继续探索这一旅程。"

蔡淑君（新加坡电信公司）：

"进入数字业务比我们预想的困难得多。我们这样的公司与初创公司的文化规范是截然不同的，在变革的速度和激励人的因素方面都不一样。为了更好地吸引和留住数字人才，我们仍在努力解决这些问题，因为我们需要这些人才，不仅是为了我们的数字业务，也是为了我们未来的所有业务。我们正努力改变人们对新加坡电信公司的看法以及我们的薪酬政策。例如，当在美国收购 Amobee 公司和 Trustwave 公司时，我们没有沿用新加坡电信公司长期激励计划，而是根据 Amobee 公司和 Trustwave 公司自身的业绩表现制定了长期激励计划，这对我们来说是一个很大的改变。我们当然希望 Amobee 公司和 Trustwave 公司的员工能加入新加坡电信公司的长期激励计划，希望他们认同公司的目标，但我们也意识到，与其他员工相比，他们的动力和归属感可能不那么强烈。"

论利用规模能力

克罗（亚利桑那州立大学）：

"我们拥有的最重要的资产就是师资，我们尽可能广泛分享这方面的资源。此外，我们也大力分享图书馆资源，这不仅仅是图书馆，而是数百万本书籍、数万种期刊和数百万种数字资产，所有的资料均可便捷搜索。这些资料与谷歌所提供的完全不同，这是经过审查、认证和出版的资料，可通过数字方式进行搜索和使用。从本质上讲，我们通过强化的技术平台提供了整套教育产品。新概念的图书馆有助于缩小学院研究成果与校园学生、在线平台的学生以及新兴平台上的学生之间的差距。"

蔡淑君（新加坡电信公司）：

"我们一直认为，与希望进入新业务的任何公司相比，我们公司进行的任何新投资都必须提供战略性的差异和竞争优势。如果我们带来的只是金钱，那么很多公司的资金成本可能会更便宜，也不会有可持续的差异化战略产生更好的结果。因此，当我们确定要涉足新业务的时候，都必须确保它们是可以利用到我们的电信资产和客户关系的业务，比如网络安全就是一个例子。在新加坡电信公司，我们监控并保证流量，与客户建立了可信赖的关系，因此这很自然地带来了网络保护以及免受网络威胁的服务业务。"

论驱动双重转型的积极溢出效应

阿布拉扎（马尼拉水务公司）：

"我们的转型传达给组织的信息是——我们正在拥抱创新和改变，这就开辟了两条创新之路，一条在核心业务上，我们找到创新的方法来改进正在做的事情，比如把废物转化为能源，或者建立成本适中的工厂，告诉员工我们正在寻求做一些新的事情，这就给了他们对现状进行创新的许可。"

克鲁斯（马尼拉水务公司）：

"我们有很多优秀的年轻工程师在做着管理工厂的枯燥工作，让他们跨越两个转型实体来工作，给他们带来新的兴奋感。"

冲突危机

在代表今天的 A 业务与代表明天的 B 业务两者的较量中，你支持谁？谁有权利占据稀缺资源？当主要相关者抱怨进展太慢时会发生什么？以下语录展现了领导者如何选择性地分别治理转型 A 和转型 B、处理好两者之间的紧张关系、应对面对利益相关方的质疑，并用结果让批评家们安静下来。

分别治理的重要性和局限性

本托里尼（安泰保险公司）：

"正如我们在安泰学习到的，着手改革一个组织，需要一种不同于我们在传统核心业务上追求卓越的方法。对于传统核心业务，我们通常会用数字和表格表示'真相',并根据数字的变化来管理我们的业务。对于成熟的业务,这样做是合理的,但是却降低了我们的创新能力。对于更具前瞻性的业务,我们知道无论拿出什么数字都可能会出错。因此,最重要的是这些数字所代表的想法及背后的假设。当你考虑到所有的假设,便会对这个方向的内在风险有一定的认识,可以就承担这些风险所需的信念进行讨论。"

克鲁斯(马尼拉水务公司):

"领导者需要戴上两顶帽子。一顶是为了核心业务,另一顶是为了新的业务。两顶帽子的视觉效果可以帮助我们搞清楚自己在跟谁对话,并戴上那顶对的帽子。我们的首席财务官奇托(Chito)在这一点上对组织起到了最好的表率作用。我认为我们很幸运,奇托在此前的工作中接触过风险投资。在组织中,首席财务官是一个组织愿意承担多少风险的标志。有些公司出现问题是因为首席财务官阻挡了一切。对我们来说,首席财务官是拥抱双重轨道的强烈象征。"

蔡淑君(新加坡电信公司):

"对于传统的移动业务项目,成本驱动因素和收入驱动因素都是知道的,可以直接对其进行监控。但对于新业务来说,需要做新项目去了解其驱动因素,但这些驱动因素是不同的,因为它们更多的是与客户的使用情况有关。如果客户数量与所做过的项目数量相差甚远,就没办法借鉴那个项目的数据。所以仍然需要确定阶段性成果和目标,但你可能会使用与传统企业不同的频率跟踪不同的指标。"

菲尔兹(福特汽车公司):

"当你拥有各自独立的业务团队时,来自新业务的某些事情可能会威胁到传统业务。最终，你必须在资本配置上做出选择，这就可能造成顾此失彼。我们的方法是同时考虑这两种业务，这样做最终可以为必须做出的艰难选择赢得更多的认可，同时也可以培养团队。解决这个问题的另一种方式是，我们与管理团队一起共度大量的时间，讨论如何做到不是从传统业务过渡到新业务，而是建立起更大的业务。我们的传统核心业务和新兴机会是相互关联的，在出行服务中，你必须拥有世界水平的汽车或卡车，这些都不可或缺。"

论如何用结果让批评者保持安静

克罗（亚利桑那州立大学）：

"我们是在一堆对变革不感兴趣的机构中经营着变革。我们说想将新技术引入教学范式，于是外面就有各种各样的人说，他们担心在 iPad 上使用键盘是否在减弱学习过程，因为使用笔时思考的速度明显会慢很多，而学习需要的是一个慢过程。这也许没错，但学习最终需要的东西，是在访问大量的信息和数据、查阅大量的知识，接触大量的人的背景下完成的。我们决定要做的，就是创造一个真正能代表我们人口规模的学生群体，采用与许多常规逻辑相反的方式管理大学，超越其他人。正如西塞罗（Cicero）所说的格言'我们用创造出的东西说话'。"

本托里尼（安泰保险公司）：

"要拥有进行转型的权利，你必须在核心业务上达成业绩。这就像某些游戏规则，除非达到一定的门槛，否则你将没有玩这个游戏的资格。你兑现了自己的承诺，拿到了结果，就赢得了扩大视野的权利。在这一点上，至关重要的是要让每个人都了解如何做出转型选择，了解观察'断层线'如何提示变革的必要性。

同样重要的，是要强调变革的大致轮廓已经清晰，但变革的策略会随着时间推进而发展。所以，你需要留意那些表明我们走上了正轨或者需要其他改变的迹象。"

论如何打破束缚

克罗（亚利桑那州立大学）：

"我想要做的不同的事情，就是更快地突破束缚性的模式。我会更快地在大学之外建立一个网络，并让这个网络成为地方性的、全国性的、全球性的。我不让我们的机构去盲目跟风，我们不是为了成为下一个加州大学洛杉矶分校下一个明尼苏达州或者俄亥俄州立大学，也不是为了与其他机构取得的成就攀比，就像福特汽车公司不是以自己的汽车是否与玛莎拉蒂相同来衡量的。在教育领域，有一些人在做愚蠢的学校排名业务，他们不考虑学校做了什么或增加了什么价值，而是单纯以高端学府的标准来衡量，也就是用你们在成为高端学府方面做得怎么样来衡量。"

蔡淑君（新加坡电信公司）：

"最重要的是对新思想持开放的态度。如果你们在所做的事情上非常成功，那么想要改变就更加困难。就我们而言，如果我们不接受新的想法，例如走出国门或创造新的数字业务，我们会比今天的规模小得多。你能想象新加坡电信公司在5年前从事广告业务吗？可能不会。是的，我们现在在做数字广告业务。事实上，我们不能让过去的成功限制我们未来的发展。作为一个领导者，我个人学会了更开放地接受新的想法。有的时候，当我听到一个新的想法，我的直觉是'不，算了吧，这太疯狂了'，但是我尽量克制自己不说'不'，站在对方的角度看问题，想想对方为什么认为这个想法可行。一段时间后，我有时会明白这样做其实是可以说得通的。我想，我在这方面已经变得越来越好了。"

论高层支持的重要性

阿布拉扎（马尼拉水务公司）：

"佐贝尔兄弟（Jaime Augusto Zobel 和 Fernando Zobel，阿亚拉集团的 CEO 和首席运营官）对这项工作表现出了积极的兴趣，他们亲自参观了我们的一个'健康家庭'工厂，向我们发出了非常强烈的信号。这在我们的网站新闻和出版物中得到了宣传，展示了公司最高层的支持。"

身份危机

你是谁？你希望成为谁？当这两个问题的答案意义不同时，意味着什么？双重转型中的许多挑战都是存在的。以下是领导者对统一认识、沟通和目标的力量的一些看法。

论如何统一管理层与董事会的认识

菲尔兹（福特汽车公司）：

"做出决定和选择很难。不只是'做什么'，更重要的是'不做什么'。当你决定了不做什么，就会对业务产生影响。以前，我们一直都有一个'燃烧的平台'，在这个平台上，我们不得不做出非常艰难的决定，关闭工厂、取消产品线、裁减员工。现在，这变得更加困难了，因为公司的业务基础更加牢固了，但战略选择仍和以前同样重要。"

本托里尼（安泰保险公司）：

"你们的高层领导者必须对长期愿景以及支撑愿景的未来设想保持一致。但是，你还必须改变与他们对话的性质，从关于确定性、可预见性，转向关于假设、管理风险和'你们必须相信的东西'，从而使某项行动成为最佳行动。即使对最成功的领导者来说，这也是一个重大的转变，有些人可能无法做到。你不能指望每个人都能以同样的速度发展，但是必须看到进步。对我来说，这意味着要'现实地期待'和'耐心地包容进展速度'。"

阿布拉扎（马尼拉水务公司）：

"领导团队如此轻松地接受了这种创新，这令我感到惊讶，我认为，这很大程度上归功于我们创建了分别治理结构的想法。我们找到了一种新结构，而不是尝试使用旧工具来解决新问题。"

蔡淑君（新加坡电信公司）：

"董事会在制定业务战略中发挥了作用。对于我们的董事会而言，他们更容易理解颠覆的威胁，并且可以更好地欣赏那些激动人心的机会，因为他们自己也亲眼目睹了这些机会。这就是为什么我们将董事会带到以色列的硅谷，最近又带到了印度。我们最近增加了对印度的接触，希望他们能感受到市场上的热闹，能够真正感受到这一点。"

论澄清工作焦点并积极沟通

本托里尼（安泰保险公司）：

"变化来得很少像你想的那样快，当变化没有发生时，利益相关者就会开始怀疑，这就是为什么要将愿景建立在对未来的明确假设的基础上，这一点至关重要。人们可以对假设进行争论，但一旦你们就这些假设达成一致，愿景背后的逻辑就会得到巩固，人们就会认识到不改变的危险。"

菲尔兹（福特汽车公司）：

"我们一直都有 5 年业务规划，这样做一直是我们的战略。不过，这是我们第一次从未来 15 年后的视角回看现在，然后制定战略，这是我们能够在未来的世界中获得成功的最大机会。我们正在回答以下问题：我们做什么，如何做好，我们是谁，我们不是谁，我们在哪些方面做得很好，哪些方面比别人做得更好，以及在哪些方面需要改进。我很高兴团队真正开放思想，以一种非常开阔的方式思考这个问题，没有偏见或先入为主的观念。讨论的精神催生了很多想法，高级管理团队知道我们将真正聚焦。有些汽车平台会成功，有些则不会。在新兴市场中，我们将择机而动，有些会奏效，有些不会，这种明确性让组织感到耳目一新。"

论通过目标和使命感激励人心

菲尔兹（福特汽车公司）：

"我们的高层领导大多都是在福特公司度过了整个职业生涯。一方面，这让我们思考问题的方式可能变得固化；另一方面，我们又都想为下一代留下遗产。我们是福特家族的一员，这不仅仅是一份工作，而是站在前人的肩膀上，把宝贵遗产传给后代，这是这家拥有 113 年历史的公司的自豪。接下来的情况可能会有些混乱，因为我们正在锻炼'新的肌肉'。承认人们的恐惧和担忧并确保让大家感到他们是这个过程的一部分很重要。虽然只是一个参与的过程，并不总是讲民主。作为领导者，你不能进来就说'这就是我们制定的战略'。如同一句老话讲的：'如果你想造一艘船，你不要教给团队去森林里砍树、锯树、把木板带回来钉在一起。你要教给他们热爱大海。'实际上，这个过程就是教导我们自己以及整个组织如何去爱，如何把福特带到我们向往的地方，如何组织人们做出非凡的努力，一起到达那里。"

克罗（亚利桑那州立大学）：

"我们必须改变教师的思维。首先，在合理的知识和行为论证的前提下，你需要严肃地对他们说：'我们不是为你们而存在，而是为学生而存在'。如果你坚持传递这样的信息，就会对他们的行为产生巨大的影响。其次，我们还会说，你不需要再遵守严格保守的学术设计，不必受其他机构结构的束缚，大胆想象你希望我们在生命科学领域能做什么？你希望我们在其他复杂的领域能做什么？从以教师为中心转变为以学生为中心，并让教师设计自己的工作，结果证明这样的做法产生了巨大的影响。"

论如何与员工和其他利益相关者沟通

本托里尼（安泰保险公司）：

"人们很容易低估对沟通的需求量。你必须孜孜不倦、始终如一、持之以恒、反反复复地将核心信息传达出来，你的领导团队成员也必须这样做，他们还要针对组织的各个部门选择与之相关的、适合的沟通信息。例如，相比一线经理，在呼叫中心工作的人可能需要一套不同的信息才能了解如何为大局服务。沟通是一项持续的挑战，但我试图通过创造一种与公司愿景一致的文化来使之变得容易，包括对在这里工作的每一个人随时保持沟通。"

克罗（亚利桑那州立大学）：

"在改变任何文化的过程中，沟通都是一件大事，文化胜于战略。我们一直不断地发出这样的信息：我们以学生的成功来衡量自己。你必须不断表达这些信息，否则你无法改变文化。"

伊顿（塞特门特音乐学校）：

"从一开始，我就决定采取三管齐下的方式进行变革管理。第一，我将对我们的员工、教学艺术家和董事会成员保持最高的透明度，即使这意味着我会告诉他们一些他们不想听到的东西。第二，我也会花必要的时间，在最关键的决策上征求意见。第三，当某件事情进展不顺利时，我个人首当其冲承担责任。这些做法使改革得到了巨大的支持，即使人们没有完全支持改革，他们也会为了塞特门特音乐学校的利益而接受改革。"

论转型的挑战与机遇

菲尔兹（福特汽车公司）：

"转型既令人不舒服，又令人兴奋。如果这足以使公司有所作为，那将是最令人兴奋的事，但同时也让我们感到恐惧。就像我们重新设计 F-150 或重新设计野马① 时一样，将这两样东西放在脑海中时，你会感到难以置信的自豪感和兴奋感，因为你正在重新创造这些标志性的产品；但是，天哪，你可不想成为把事情搞砸的团队，这就是同时在脑海中持有两种矛盾的想法所带来的张力。我们要帮助福特汽车公司设定前进的方向，但同时也要对 20 万名员工及其家庭和社区负

---

① 野马（Mustang），是美国福特汽车公司推出的 2005 款双门轿车。——编者注

责，这一切促使我们确保为未来做出正确的决定。"

蔡淑君（新加坡电信公司）：

"我们为转型之旅设定了 5 年的里程碑和目标，并且每年跟踪实现 5 年目标的进度。转型是一个连续的过程，需要设定里程碑和目标以便你了解你们的工作做得如何。此外，你们还必须不断地针对外部环境进行校准，确定你们设定的目标是否足够有进取性或切合实际。有时在设定目标时，你们可能会认为自己不会达到目标。但将其分解成较小的目标时，就可能比你们想象的要容易实现。"

伊顿（塞特门特音乐学校）：

"我们的转型既复杂又鼓舞人心。之所以说它复杂，是因为我们需要尊重这家拥有一百多年历史的机构及其深深植根于社区的传统，包括与众多教学艺术家、工作人员和全力服务数十年的董事会成员的良好合作，同时还需要承认我们的工作领域正在发生变化，并且业务模式需要不断地分析和更新；之所以说它令人鼓舞，是因为尽管面临所有这些挑战，我们的社区仍然团结一致，忠实于学校的创始使命，为了让学校有更好的发展而拥抱变革。"

克罗（亚利桑那州立大学）：

"学生是一个巨大的灵感来源。我们的大学代表着社会的全部，他们的梦想与我们的梦想没有什么不同。通过帮助他们实现这些梦想，我个人深受鼓舞。我对我们这个集体未来的结果坚信不疑，因为我们在大学里聚集了优秀的人才，这确实鼓舞人心。"

后记

下一个是谁

本书以卤化银胶片、报纸及手机行业的警示故事开篇，在每一个案例中，在市场领先者看似如日中天之时，颠覆却已悄然发生。变化并非一朝一夕来临，最初并不清晰可见，但是，一旦破坏性的力量完全显现出来，行业领头羊却已无还手之力。随着变化的步伐及规模的增速，诸如此类的故事将越来越频繁上演。当我们在2016年年底对本书最后的润色时[①]，一个不可回避的问题就是——下一个是谁？哪些行业面临颠覆性变化的早期迹象？

人们对所谓"宇宙大爆炸"的破坏性大肆宣传，但其最初的破坏性很小，其影响也是孤立的。市场领头羊并不会在一夜之间失去地位，新公司从成立，到完善解决方案，再到传播至全球，每个阶段都需要时间。然而，颠覆冲击波不断回响并持续加剧，直至掀翻独霸市场的领头羊。

颠覆的力量影响着每个行业。例如，采矿业看起来是不受影响的行业。但是电影大亨詹姆斯·卡梅隆（James Cameron）就支持了一家打算从小行星上获得贵金属的初创公司。疯狂吗？值得关注吗？可以肯定，力拓（Rio Tinto）及其他矿业巨头在未来几年内不会受到小行星衍生金属的威胁。

---

① 此处指本书英文版出版前的润色。——编者注

哪些行业最受关注呢？我们的咨询团队使用第四章简单问卷的升级版分析了数十个行业。并将这些分析结果与对社区成员及参加了由克里斯坦森开设的关于颠覆性模式课程的哈佛商学院毕业生的调查进行了结合。

根据这项工作，下面详细介绍了我们认为在未来几年内可能发生重大变化的五个行业：消费金融、航运、医疗设备、汽车制造及专业服务。

消费金融

历史数据显示，人们更换配偶的可能性比更换银行账户的可能性更大。用现代的语言来说，银行账户具有很强的"黏性"，习惯使然，且自动存款和支付机制会强化这种关系。

然而，现在美国许多地方小城镇的根本有可能被一系列破坏性发展所破坏的风险。贝宝这样的点对点支付已有近 20 年的历史，已经开始改变人们对银行业务的认识；智能手机的兴起和高速网络的日益普及，让这一代人已经习惯了各种便利的支付方式，如扫码支付、按键支付、摇一摇支付、甚至下车自动支付（如优步）；分布式账本解决方案，如使用区块链技术为主的解决方案，创建了去中心化的交易登记簿，尽管存在可扩展及可用性等法律问题，但可避免欺诈或操纵的影响。在未来，人们还需要一个中央存储库来存放他们的储蓄吗？我们是不是可以设想银行将越来越多地成为星巴克（截至 2016 年年中，星巴克的预付卡拥有超过 10 亿美元的资产）、苹果、三星这样的公司？

亚洲的颠覆力量表明，电信公司也像技术新贵一样构成了巨大的颠覆性威胁。2004 年，菲律宾环球电信推出了一种无分支机构的服务方式——GCash，供用户管理居住在海外的家庭成员的汇款，在这个 1.1 亿人口中超过 1000 万人口在国外居住的国家，这真是一个漂亮的市场立足点。在此后十年中，环球电信悄悄建立了超过 100 万用户的业务基础，并逐渐从现金转账扩展到电子商务支付，对于这个信用卡拥有率还不到 10% 的国家，这一项服务极其重要。撰写本书之时，菲律宾已经有近万名当地商人接受了 GCash 服务，环球电信也向往像肯尼亚萨法利通信公司（Safaricom）推出移动钱包（M-PESA）那样取得巨大成功。

在中国，电子商务巨头阿里巴巴在经营其电子商务平台淘宝网的同时，于 2003 年推出了在线支付平台——支付宝。与环球电信一样，阿里巴巴也利用了当时只有 300 万张信用卡在流通的机会。虽然有银行账户的消费者可以通过银行转账支付，但很多人担心卖家收到货款后不发货。支付宝引入了一种托管模式，即从买方的银行账户中扣款，但只有在买家确认收货后才付款给卖家，这让中国消费者可以放心地网上购物，并在当时推动了电子商务的发展。支付宝还将中小企业作为阿里巴巴电子商务网站上的商户，并提供一个钱包，可以轻松存储收到的付款。

另一家互联网公司——腾讯，在中国市场与支付宝展开了激烈的竞争。腾讯利用其流行的微信消息传递服务，成为亿万中国消费者及企业的首选付款方式。阿里巴巴则将眼光投向中国以外的市场，它支持了印度一家名为 Paytm 的支付技术初创公司，该公司提供了数字钱包及相关解决方案，有望为印度数亿无银行账户的消费者带来类似的解决方案。

颠覆力量对现有企业既是威胁也是机遇。市场领导者掌握着有关消费者和企业消费模式的数据宝库。过去都是企业向银行寻求支持运营及增长所需的资金。但是如果银行能够利用支付流中的数据提供额外的增值服务，帮助企业充分实现其潜力，会不会成为帮助客户解决这些问题的顾问公司的竞争对手呢？

航运

航运业似乎是世界上最没有创新精神的行业之一。把东西放在集装箱里，然后把集装箱放到船上，还能涉及什么呢？集装箱本身的想法——一种标准尺寸、可堆叠的箱子，可与任何船只即插即用，相对容易运输——是一个改变行业的概念，它允许公司让船只变得更大，港口变得更高效。以 20 英尺（约为 6 米）的标准集装箱计算，大型集装箱船可以运载近两万个集装箱。

现代化的港口船舶在一天之内就可返航，过去船舶在码头上一待就是几周。然而，规模更大并不总是意味着更好，2016 年，受产能过剩的拖累，该行业明显下滑。

三大颠覆性趋势——增材制造（或称 3D 打印）、无人机送货和智能互联设备，有望改变行业的面貌。增材制造是用材料直接构建实物，不像传统制造，需要切割、成型和拼接等工序。传统制造在大规模制造时很有优势，在极小规模的情况下，增材制造则更高效。

截至 2016 年，增材制造主要由业余爱好者使用，或者在商业上用于定制零件，但它在变得越来越好，也越来越便宜。随着制造业的分散化，对于整个商业模式都依赖于把物品从一个地方运到另一个地方的公司，增材制造显然有可能产生巨大影响。

无人驾驶飞机（俗称无人机）像许多新技术一样，是从军事领域开始兴起的。随着价格下降，业余爱好者使用量激增，亚马逊（美国）和阿里巴巴（中国）等公司开始尝试基于无人机送货。在一个无人机可以交付本地化微生产产品的世界，对航运巨头会造成怎样的影响呢？

智能互联设备为船运公司带来增长机会。客户的根本需求是将某物品从一个地点可靠地运送到另一个地点。能够精确了解物品在任何时刻的位置，为简化当前的业务以及开发新服务创造了机会。问题在于，行业领导者是抓住这个机会，还是把机会让给零部件制造商、电信服务提供商或是其他后起之秀。

医疗设备

第二章描述了卫生保健领域的颠覆本质，阐述了颠覆如何从集中到分散的地点，从专家护理到自我护理，或两者兼而有之。新兴技术有可能对许多医疗保健生态系统进行根本性的重新配置。随着半导体制造商遵循摩尔定律的改进轨迹，计算设备越来越小，功耗越来越低，促进了可穿戴技术的兴起，从特殊用途的手环（像简单的 Fitbit，它可以记录佩戴者行走的步数）到更复杂的设备，如苹果公司和三星公司的智能手表，或者像谷歌那种采用先进技术的眼镜。并非所有努力都会成功（到目前为止，谷歌眼镜是众所周知的失败），但计算技术将越来越多地嵌入配件及织物，甚至在可预见的未来，可以植入我们的皮肤。

这些趋势使医疗设备商可以把设备变得越来越智能，越来越高级，从而无须走进医院就可以监测和诊断。遗传学也在迅速发展，使诊断有可能越来越准确，处方越来越精准。像 IBM 这样的公司就押注于科技将有能力解读其沃森诊断平台产生的海量数据。

这些趋势会推动医疗服务的巨大颠覆。与其说医疗行业是专注于治疗的行业，不如说它是与监测及预防相关的蓬勃发展的行业，推动实现这一转变的设备，如智能手表和传感器势必会增长，历史表明，能整合商业模式，促成收集、处理及行为推动的人将成为巨大价值的创造者。

在广泛的医疗保健生态系统中，为利用这些颠覆性趋势，一些公司已经开始采取行动。在 21 世纪初，雀巢公司（Nestlé）做出战略决策，从一家食品公司转变为更专注于健康和营养的公司。2016 年 7 月，其健康科学研究所宣布与三星公司合作，力求"更好地理解身体信号，赋予数百万人健康生活与幸福的能力"。将来，食品和消费电子产品公司可能会作为医疗设备巨头出现，为人们提供健康与疾病预防服务。

汽车制造

以我对大多数商业书籍读者年龄结构的了解，我猜你人生中最有意义的一件事，莫过于长大后拿到驾照。因为这意味着你自由了！21 个世纪五六十年代的很多歌曲都是关于汽车的。世界级的道路基础设施，廉价的汽油，买得起的汽车，如果你把它们结合起来，就像 1966 年"妈妈和爸爸"乐队唱的那样，你可以"去你想去的地方"。

然而世界总是在变。现在，消费者可以通过智能手机召唤优步（Uber）或来福车（Lyft）轻松从一个地方到另一个地方。不必拥有一辆汽车，他们可以参加 Zipcar（2013 年被 Avis Budget Group 以 5 亿美元收购）这样的汽车共享计划。2005 年，谷歌街景（Google Street View）的发明者之一塞巴斯蒂安·特龙（Sebastian Thrun）带领团队发明的机器人汽车，获得了政府 200 万美元的奖金。在此后的十年里，谷歌投资开发自动驾驶汽车相关的支撑技术，并促使改变地方法规接受无人驾驶汽车。2014 年，它推出了一款没有车轮和踏板的新车。2016 年 8 月，新加坡第一辆无人驾驶出租车首次在启汇园（Fusionopolis）等先锋派建筑群的街道上亮相。电影中出现无人驾驶汽车军团的场景——比如《我，机器人》和《少数派报告》——越来越不像是科幻小说，更像是未来 10 年的预演。这还不包括电动汽车的崛起。

无人驾驶汽车的兴起将对整个系统产生影响，下面是一些例子。

- 在城市地区，停车位消耗了大量昂贵的房地产资源。如果不再需要担心停车问题，会发生什么？
- 像 GEICO 和前进（Progressive）这样的保险公司，几乎所有的收入都是靠为司机提供保险赚来的。如果汽车不再撞车，会发生什么？
- 一些政府的收入很大一部分来自超速驾驶者支付的罚款。如果汽车不再超速，会发生什么？

在接下来的 20 年中，汽车世界会发生巨大变化。汽车公司需要应对其核心业务收缩的现实，需要适当重构其商业模式。他们需要思考随着汽车和计算机的日益融合，在产品以及新的商业模式方面会出现哪些新的机会。

专业服务

在创立了网景公司和 Opsware 公司之后，2009 年，安德森与创业家本·霍洛维茨（Ben Horowitz），共同创立了一家名为安德森 - 霍洛维茨（Andreessen Horowitz）的风险投资公司，霍洛维茨也是 Opsware 公司创始团队的成员。几年内，这家公司就成为硅谷最有影响力的公司之一，投资了 Twitter、爱彼迎、Jawbone、Oculus VR 等公司。在 2011 年《华尔街日报》的一篇文章中，安德森用一句话总结了他的一个重要投资论点——"软件正在吞噬整个世界。"

2015 年，在科技博客（Tech-Crnch）上有篇文章被广泛分享，它总结了软件平台的强大吸引力："出租车公司优步没有车辆；Facebook 没有创造任何内容；阿里巴巴没有库存；爱彼迎没有房地产……有趣的事情正在发生。"

过去，像律师、投资顾问、管理顾问等高端专业服务的提供者似乎不会受冲击。然而，以下 4 种趋势很可能会对专业服务业产生重大影响。

1. 知识民主化

斯科特·安东尼 1996 年在麦肯锡公司开始第一份咨询工作时，领导层曾谈到该咨询公司的集中式图书馆如何成为竞争优势的源泉，因为该图书馆藏有大量珍稀文献资料。现在这类知识散布在世界各个角落，因此，靠"比客户懂得多"来参与竞争就会很难。

2. 平台

遇到棘手的业务问题需要花几个小时才能解决？简单！可以去雇一个人为你打短工，在合理的范围内，可以安排他做任何事情。

3. 基于软件的解决方案

律师从事的工作非常复杂，需要专业知识和经验丰富的判断。但是，许多律师事务所不为人知的秘密是，很多工作都是由低薪的律师助理完成的。这一类工作可以很容易实现自动化，或用低成本商业模式完成，比如成立于 2001 年的 LegalZoom 公司就专门以实惠的价格提供基本的法律服务。

4. 人工智能

牛津大学 2013 年的一份报告称，在未来 50 年内，美国近 50% 的工作岗位可能实现自动化。这并不仅仅局限于平凡的制造业工作，计算机认知能力的快速提升，意味着提供投资建议、确定公司关键战略问题或制定公司的税收策略等工作也可以实现自动化。

这些趋势有助于解释为什么专业服务行业在过去 10 年中出现了显著的整合，因为各公司都在寻求降低运营成本所需的规模效应，也在尝试混合解决方案。计算机现在可以完美击败最好的国际象棋大师，但事实证明，至少到目前为止，国际象棋大师与计算机联手是不可能被击败的。如果一个创新视点公司的管理顾问具备了沃森人工智能系统的处理能力，那可真是不敢想象。

创新者的选择

表 AF-1 总结了我们介绍的有关行业，强调了潜在的颠覆性趋势及预计在未来几年内看到的新增长机会。

本章要表达的并不是说这些行业的传统市场领导者就毫无机会了。请牢记一点，虽然颠覆有可能改变商业模式，但重要的是可以让市场增长。能尽早抓住颠覆性变化并做出适当反应的领导者，将有能力在未来几年蓬勃发展，而没有这样做的人呢？只能是优胜劣汰了。

表 AF-1　各行业颠覆趋势及增长机遇

行业	颠覆趋势	新竞争者	增长机会
消费金融	点对点支付，区块链	电信公司（如环球电信），科技巨头	数据驱动式业务咨询支持
航运	3D打印、无人机送货、智能互联设备	亚马逊	实时跟踪，新型库存管理服务
医疗设备	智能互联设备、定制药	苹果、IBM、雀巢	健康和预防
汽车	无人驾驶汽车、汽车与商业的融合	优步、苹果、谷歌	运输、物流服务及解决方案
专业服务	知识民主化、平台、软件、人工智能	Hourlynerd网、LegalZoom网	软件使能、AI强化服务

附录

双重转型工具包

为了让大家更好地应用书中的关键概念，本附录提供了一整套检查清单、讨论指南及简单的分析模型，详细说明如下。

1. 可供领导层讨论的问题清单：帮助领导团队围绕本书中的关键概念展开对话；

2. "从未来看现在"战略对话指南：帮助领导团队获得关于双重转型战略的一致性；

3. 3 年转型地图：帮助领导团队规划转型中的阶段性成果；

4. 早期预警信号评估表：评估颠覆性变化给组织的业务带来的风险；

5. 增长差距评估表：确定组织的期望与现实之间的差距；

6. 转型 A 蓝图：在重新定位核心业务时确定关键业务模型的变化；

7. 目标及边界概要表：什么需要讨论，什么不予讨论；

8. 转型 B 战略机遇区识别指南：瞄准最有潜力的新增长区域；

9. 能力评估指南：指导组织领导者如何管理可提供竞争优势的现有能力；

10. 《最初一英里》降险工具包：如何以节约资源的方式识别处理创意背后最大的不确定性；

11. 公司的好奇清单：确定"影响点"，鼓励日常保持好奇心的习惯。

一、可供领导层讨论的问题清单

如果你想和你的领导团队就本书的概念展开对话，可以考虑使用以下问题清单。

1. 哪些颠覆性趋势有可能改变我们的竞争格局？

2. 在今天的核心业务中，我们将采取什么新的竞争方式？哪些旧的指标已经过时了？哪些是新的指标？

3. 目前摆在我们面前的增长机遇哪些是我们的最佳选项？

4. 谁将成为我们新的竞争对手？什么独特的能力能让我们取得胜利？

5. 我们如何加强现有的能力并且发展新能力？

6. 如果我们成功地执行了转型，我们会变成谁？会有什么不同？会有什么相同？

7. 什么样的组织变革会最大化我们成功的机会？如果我们不改变，哪些事情会阻碍我们成功？

二、"从未来看现在"战略对话指南

制定未来战略是一个兼容并包的过程，要在各种对话基础上制定；包括高层管理人员和主要利益相关者的对话。每次对话至少需要 4 个小时，至少有一半时间用于战略讨论（而不是接收和澄清信息）。理想的情况下，应在会议前提供并阅知所有数据。下表描述了四个关键对话，明确了每次讨论所需的投入及预期的产出。

"从未来看现在"战略对话指南

对话	输入	寻求共识
对未来环境的设想保持一致	• 趋势分析 • 内部访谈 • 竞争研究 • 未来客户分析	• 优先发展趋势 • 未来的竞争对手 • 未来的客户
定义公司的未来状态	• 能力评估 • 当前业务空间及邻近业务潜力 • 目标及边界	• 未来的目标 • 新的增长要求 • 在哪个领域竞争 • 取胜方案有哪些选项
确定具体战略的必要性	• 增长差距分析 • 未来核心商业模式 • 潜在的战略机遇	• 差距项排序 • 必要的未来能力 • 转型 A 和转型 B 的战略要务
详细说明推进策略	• 从期望的未来状态回看现在 • 评估当前的文化和系统	• 近期战略计划 • 治理与结构 • 实施路线图

三、3 年转型地图

　　并非所有的转型都将以同样的方式发生，我们的经验是，需要 3 年的时间才能呈现出有意义的进展。使用下面的表格为你们的工作每 6 个月设置一个阶段性的里程碑。

3 年转型地图

里程碑举例	1~6 月	13~18 月	25~30 月
策略／计划 • 定义变革当务之急 • 确定未来状态目标 • 计算增长差距 • 统一"从未来看现在"战略 • 创建利益相关者参与计划 • 实施治理机制	策略／计划 • • •	策略／计划 • • •	策略／计划 • • •
转型 A • 确定颠覆后希望实现的目标 • 规划未来商业模式的蓝图 • 制订计划 • 执行计划	转型 A • • • •	转型 A • • • •	转型 A • • •
转型 B • 识别战略机会领域 • 建立新增长组织 • 进行试飞 • 盈利第一元钱 • 制定填补能力缺口计划 • 执行填补能力缺口计划 • 转型 B 至少占企业总量的 20%	转型 B • • • •	转型 B • • •	转型 B • • •
能力环 • 确定战略能力 • 确定能力环管理方法 • 激活能力环	能力环 • • •	能力环 • • •	能力环 • • •
	7~12 月	**19~24 月**	**31~36 月**
	策略／计划 • • •	策略／计划 • • •	策略／计划 • • •
	转型 A • • •	转型 A • • •	转型 A • • •
	转型 B • • • •	转型 B • • •	转型 B • • •
	能力环 • • •	能力环 • • •	能力环 • • •

四、早期预警信号评估表

对于逼近的颠覆性危机，应当在多大程度上警惕呢？可利用下表来衡量颠覆性变化的 7 个早期预警信号。

评估颠覆性变化的早期预警信号

阶段	标志	低风险	中风险	高风险
第一阶段：环境	顾客忠诚度	稳定或上升	缓慢下降	快速下降
	风险投资	很少或没有	大量的种子期和早期活动	大量成长阶段活动
第二阶段：催化剂	政策变化	很少或没有	在考虑或讨论中	在实施过程中
	行业闯入者活动	很少或没有	在低端或边缘市场的增长	进入或出现在主流中
	客户习惯的转变	稳定的习惯	边缘性变化	主流的变化
第三阶段：影响	商业模式创新	闯入者优化现有的模型	闯入者试验不同的模式	闯入者成功执行不同的模式
	利润率	稳定或上升	缓慢下降或由于成本管理而上升	快速下降

五、增长差距评估表

完成以下步骤，评估现在的业务与未来的愿景之间的差距。

1. 设定一个目标。确定未来某一年的目标收入、利润、现金流或企业价值。这个未来的时间要选的足够远，能让人们安全地讨论到那时需要发生什么，但又没有远到技术或市场发展的不确定性会大到使讨论毫无意义。

2. 评估当前业务的潜力。评估自己的组织在现有和临近市场中有多少空间可以扩展。一定要考虑潜在的竞争力量，这些力量可能会使未来的市场比现在竞争更激烈。

3. 评估现有新增长投资的潜力。列出当前的新增长投资。估算每一项的财务潜力和所需投资。通过将潜力与成功概率相乘对列出的清单进行风险调整，使用历史分析或行业基准来确定这种可能性。

4. 计算增长差距。将步骤 2 和步骤 3 的结果相加，并与步骤 1 比较。

六、转型 A 的商业模式蓝图

本书合著者马克·约翰逊的《白地策略》详细介绍了如何描述并创新一个商业模式。使用下面的表格列出当前业务模型的关键元素以及转型 A 中涉及的关键改变。

转型 A 的商业模式蓝图

	领域	今天	明天
创造价值	为客户做什么？		
	具体在销售或提供什么？		
	客户如何（或在哪里）得到它？		
	客户如何付款？		
	客户得到了什么售后服务？		
交付价值	如何生产？		
	如何分销？		
	提供什么售后支持？		
	主要供应商和合作伙伴是谁？		
获取价值	如何赚钱？		
	主要可变成本是什么？		
	主要固定成本是什么？		
	关键投资是什么？		

七、目标及边界概要

利用这张表来确定哪些战略选择是摆在桌面上的（想要达到的），哪些在适当的情况下是可行的（可讨论的），哪些显然是不予讨论的（越界的）。确保每一行至少有一个越界的选项。

目标及边界概要

要素	想要的	可讨论的	越界的
目标客户类型（如消费者、企业、政府）	• • •	• • •	• • •
分销渠道（如直接销售、线上销售）	• • •	• • •	• • •
稳态收入（实际数额）	• • •	• • •	• • •
稳态利润率（占收入的百分比）	• • •	• • •	• • •
提供的类型（如产品、服务）	• • •	• • •	• • •
目标地域	• • •	• • •	• • •
品牌名称或方式	• • •	• • •	• • •
收入模式（如许可、租赁、交易费等）	• • •	• • •	• • •
供应商及合作伙伴	• • •	• • •	• • •

（续）

目标及边界概要

要素	想要的	可讨论的	越界的
战术（如测试市场、并购、伙伴关系）	● ● ●	● ● ●	● ● ●
允许的投资（总额）	● ● ●	● ●	● ● ●
其他	● ● ●	● ● ●	● ●
其他	● ●	● ●	● ●

八、转型 B 战略机遇领域识别指南

你的组织最有希望的增长机遇是什么？组建一个小团队，给他们 90 天时间做以下事情。

1. 闪电采访市场。在市场或市场边缘地带进行 20~30 次深度采访，包括边缘用户、未来主义者和初创公司。

2. 分析趋势。留意专利申请、风险资本投资、人口变化及监管政策的变化。

3. 明确目标及边界。让高层领导澄清在适当的情况下他们会考虑的是什么，在任何情况下他们都不会做的是什么。

4 头脑风暴。目标是提出 50 个或更多的机会领域。

5. 综合考量。详细说明 5 到 10 个高潜力的领域。

现在使用下面的模板描述分析每个候选的机会领域。

评估转型 B 的战略机会领域

关键问题	提出的答案	评估得分从 1（非常不同意）到 5（非常同意）	
将解决什么问题（希望实现的目标）		这个问题很重要但尚未得到解决	
今天谁最被这个问题困扰		很多人都面临这个问题	
建议如何解决这个问题		无须奇迹，解决方案可以实现	
为什么现在是做这件事的良机？		该领域符合我们的能力及潜在趋势	
		总分	

当然是分数越高越好，得分 15 分通常意味着极高潜力的机会领域。最关键的问题是第一个问题。如果目标不是一个重要的问题，其余的答案就无关紧要了。

九、能力评估指南

双重转型的成功意味着战略性地选择能够为转型 B 提供竞争优势的能力，并谨慎管理核心业务与新的增长引擎之间的能力环，避免遭遇创新者的窘境。使用以下步骤可以最大化转型成功的机会。

第一步：确定你们的独特能力

使用以下问题来确定任何可能成为竞争优势来源的现有能力。

- 你们目前的能力是什么？考虑一下你们拥有什么（例如，品牌、资产、人才、知识产权），以及你们在如何做目前的事情（例如，流程、知识、人才管理）。

- 转型 B 机遇面临的竞争对手是谁？你们拥有的什么能力会令他们羡慕？

- 在这个领域有哪些新兴创业公司在竞争？你们拥有哪些他们希望自己也拥有的东西？

在转型 B 中确定不超过 5 个给你们带来优势的能力。

第二步：确定管理能力环的方法

使用下表确定用什么方法管理核心业务与在新增长业务之间能力环。

管理能力环

支持能力	能力环管理办法		负责人
	☐ 转让定价　　☐ 交流团队 ☐ 正式规则　　☐ _____		
	☐ 转让定价　　☐ 交流团队 ☐ 正式规则　　☐ _____		
	☐ 转让定价　　☐ 交流团队 ☐ 正式规则　　☐ _____		
	☐ 转让定价　　☐ 交流团队 ☐ 正式规则　　☐ _____		
	☐ 转让定价　　☐ 交流团队 ☐ 正式规则　　☐ _____		

第三步：确定如何填补能力差距

可能你们并不具备转型 B 所需要的全部能力。用以下问题决定如何填补关键的空白。

- 还需要哪些能力？

- 谁有这些能力？

- 如何获得这些能力（例如通过许可证、收购）？

- 如何打造一种可重复的技能来寻找并获取新能力？

十、最初一英里降险工具包

本书合著者斯科特·安东尼所著的《最初一英里》为处理不确定的战略建议提供了详细的解决办法。请按以下步骤填写战略机会。我们简称之为 DEFT，其中 D 表示记录，E 表示评估，F 表示关注，T 表示测试。

1. 把你们的战略建议成严谨的文件，不用写得像博士论文那么长，但要确保你们已经全面思考并详细阐述了想要做的事情。

2. 从数量和质量两方面评估你们的想法。重新思考以下这 3 个关键问题。

   - 有市场需求吗？

   - 我们能交付吗？

   - 值得做吗？

3. 关注最不确定的领域。使用下表大致判断你们最不了解的领域。

最初一英里确定性评估表

问题	低 ⟶		确定程度 ⟶			高
有需求吗？	说过	展示过	使用过	购买过	重复过	提倡过
能交付吗？	梦想过	计划过	制作过原型	试点过	交付过	规模化
值得做吗？	粗糙模式	交易模式	商业模式	单位经济效益验证	很快可盈利	持续盈利的业务

4. 严格测试并快速适应。设计并执行试验以便了解更多。记住遵循以下经过试验的最佳实践。

- 保持团队的小规模，并保持关注关键的不确定性。

- 确保运用 HOPE 模式进行每个试验：假设（H）、目标（O）、预测（P）和执行计划（E）。

- 培养行动派，尽可能贴近市场去学习。

- 优先考虑灵活性，即使在短期内要多花一些钱。

十一、企业好奇心评估表

你们的组织有多好奇？用这张表格评估"综合好奇程度"。考虑采取干预措施改善已明确的弱项。

评估你们的好奇程度

文化元素	契合度差	契合度一般	契合度高
顾客亲近感	不了解客户	对客户的了解停留在分析层面	对客户深入理解、感同身受
外部定位	高度的内部视角	偶尔引入外部演讲者或寻求外部刺激因素	定期邀请外部演讲者和寻求外部刺激因素
创意来源	没有从外部寻找创意来源的机制	寻求来自客户、员工或供应商的想法	寻求来自客户、员工以及供应商的想法
团队多样性	缺乏团队多样性	单一维度的多样性（行业、教育等）	多维度的多样性（行业、教育等）
跨公司互动	基本上各自为政	职能或地域之间定期性互动	职能和地域之间定期互动
对于试验的开放程度	没有办法进行设计和运行试验	试验运行得到高层领导的认可	日常业务中随时试验

（续）

评估你们的好奇程度

文化元素	契合度差	契合度一般	契合度高
理念分享	只有当想法"完美"时才分享	有据可查才分享	分享粗糙的（但经过深思熟虑的）想法以获得快速的反馈
失败容忍度	失败带来沉重的耻辱	对于"正确的"失败没有惩罚	从失败中学习，与商业成功同样值得庆祝
答案数量			
权重	× 1	× 3	× 5
总分			
总计			
8–14	敌视好奇心		
15–22	有一些好奇心		
23–29	有好奇心的基础		
30+	有好奇心的文化		

注释

引言

史蒂夫·萨森"干得漂亮"引文：Claudia H. Deutsch, "At Kodak, Some Old Things Are New Again," New York Times, May 2, 2008.

报纸广告收入下降：Henry Blodget, "And Now Let Us Gasp in Astonishment at What Just Happened to the Newspaper Business," Business Insider, September 15, 2012.

吉姆·贝尔斯利接受采访：CBC, The Hour, April 1, 2008.

约瑟夫·熊彼特引文：Joseph R. Schumpeter, Capitalism, Socialism, and Democracy [M]. New York：Harper & Brothers, 1942.

施乐分拆为两家公司：Nathan Bomey, "Xerox Names Spinoff Conduent," USA TODAY, June 16, 2016.

杨森制药公司的双重转型："Thinking Differently about Healthcare," Arlene Weintraub, "Johnson & Johnson Pegs Its Long-Term Future on Prevention," Forbes, May 20, 2015; Johan Verbeeck, "The Story of J&J Innovation：Proximity as a Priority," February 8, 2016, European PharmaRela8 Summit; William N. Hait 引文源

自 2016 年 8 月 11 日对 Innosight 公司的采访.

第一章

马克·加勒特与凯文·林奇的引文：Sunil Gupta and Lauren Barley, "Reinventing Adobe," Case 9-514-066 (Boston：Harvard Business School, 2015). 关于奥多比公司的更多细节详见 Richard Waters, "Monday Interview：Shantanu Narayen, Adobe CEO," Financial Times, February 22, 2015, 及 "Adobe Super Subs, Adobe's Bold Embrace of the Computing Cloud Should Inspire Others," Economist, March 22, 2014.

奥多比公司的收入数据：Adobe financial filings, various years, 2016.

百视达放弃以 5000 万美元收购奈飞：Celena Chong, "Blockbuster's CEO once passed up a chance to buy Netflix for only $50 million," Business Insider, July 17, 2015, 及 James Surowiecki, "Content and Its Discontents," New Yorker, October 20, 2014.

2015 年奈飞 DVD 订户数量：Emily Steel, "Netflix Refines Its DVD Business, Even as Streaming Unit Booms," New York Times, July 26, 2015.

"希望实现的目标"：Clayton M. Christensen, Taddy Hall, Karen Dillon, and David S. Duncan, Competing Against Luck [M]. New York：HarperCollins, 2016; Clayton M. Christensen, Taddy Hall, Karen Dillon, and David S. Duncan, "Know Your Customers''Jobs to Be Done,'" Harvard Business Review, September 2016.

彼得·德鲁克引文：Peter F. Drucker, Managing for Results [M]. London：William Heinemann Ltd., 1964.

新指标对转型 A 的重要性：Scott Anthony, "What Do You Really Mean by Business Transformation?" Harvard Business Review Online, February 29, 2016.

第二章

拜尔引述：Reddi Kotha and Havovi Joshi, "Singapore Post: Transforming Mail Services in the Internet Age," SMU-13-0016，（新加坡：新加坡管理大学，2013），p.5.

阿里巴巴投资新加坡邮政："SingTel Hits Unexpected Jackpot with Alibaba-SingPost Deal," Singapore Business Review, June 13, 2014.

新加坡邮政统计数据：新加坡信息通信发展局网站 2016 年 7 月 2 日数据。

伊盛盟对转型及透明度的承诺：2016 年 7 月 14 日在新加坡邮政第 24 届年度大会上的讲话。

亚马逊云服务的创建：Charles O'Reilly and Michael Tushman, Lead and Disrupt: How to Solve the Innovator's Dilemma [M]. Stanford, CA：Stanford University Press, 2016; Brad Stone, The Everything Store: Jeff Bezos and the Age of Amazon [M]. New York：Little, Brown and Company, 2013.

亚马逊云服务的市场份额："AWS, Google, Microsoft and IBM Pull Away from Pack in Race for Cloud Market Share," Business Cloud News, April, 29, 2016.

杰夫·贝佐斯引述：Scott Anthony, "Constant Transformation Is the New Normal," Harvard Business Review Online, October 27, 2009.

校园设施竞赛：Scott Carlson, "What's the Payoff for the 'Country Club' College?" Chronicle of Higher Education, January 28, 2013.

克里斯坦森预测 50% 的大学可能遭遇失败：Mark Suster, "In 15 Years from Now Half of US Universities May Be in Bankruptcy. My Surprise Discussion with @ClayChristensen," Both Sides, March 3, 2013.

迈克尔·克罗引述：作者 2016 年 9 月 29 日访谈记录。

EdPlus 学生数量增多：数据由亚利桑那州立大学提供。

"不消费"的根源：Scott D. Anthony, Mark W. Johnson, Joseph V. Sinfield, and Elizabeth J. Altman, The Innovator's Guide to Growth: Putting Disruptive Innovation to Work [M]. Boston：Harvard Business School Press, 2008.

施乐转型 B 战略：Clark Gilbert, Matthew Eyring, and Richard N. Foster, "Two Routes to Resilience," Harvard Business Review, December 2012.

优选医疗的例子：Scott D. Anthony, The First Mile: A Launch Manual for Getting Great Ideas into the Market [M]. Boston：Harvard Business Review Press, 2014.

测试模式：Anthony, The First Mile; Steven Gary Blank and Bob Dorf, The Startup Owner's Manual: The Step-by-Step Guide for Building a Great Company [M]. Pescadero, CA：K&S Ranch, 2012; Rita Gunther McGrath and Ian C. MacMillan, Discovery-Driven Growth: A Breakthrough Process to Reduce Risk and Seize Opportunity [M]. Boston：Harvard Business Press, 2009; Eric Ries, The Lean Startup: How Today's Entrepreneurs Use Continuous Innovation to Create Radically Successful Businesses [M]. New York：Crown Business, 2011.

第三章

吉尔伯特的销售团队的决策：Scott D. Anthony, "The New Corporate Garage," Harvard Business Review, September 2012.

吉尔伯特的销售团队的决策：Scott D. Antony, "What the Media Industry Can Teach Us About Digital Business Models," Harvard Business Review Online, June 23, 2015.

鲁梅尔特对波音规划工具的看法：Richard P. Rumelt, Good Strategy/Bad Strategy: The Difference and Why It Matters [M]. New York：Crown Business, 2011.

潘德斯科案例研究：Clayton M. Christensen and Michael E. Raynor, The Innovator's Solution：Creating and Sustaining Successful Growth [M]. Boston：Harvard Business School Press, 2003.

确定组织的独特能力：Scott D. Anthony, "Three Questions to Jump Start Your Company's Growth," Harvard Business Review Online, October 4, 2012; C. K. Prahalad and Gary Hamel, "The Core Competence of the Corporation," Harvard Business Review, May–June 1990.

成功实现资产组合管理系统的关键：Scott D. Anthony and David S. Duncan, Building a Growth Factory [M]. Boston：Harvard Business Review Press, 2012.

乌苏拉·伯恩斯"我不得不亲自打电话"：Clark Gilbert, Matthew Eyring, and Richard N. Foster, "Two Routes to Resilience," Harvard Business Review, December 2012.

第四章

史蒂夫·埃洛普"燃烧的平台"演讲：Charles Arthur, "Nokia's Chief Executive to Staff：'We Are Standing on a Burning Platform,'" Guardian, February 9, 2011.

史蒂夫·乔布斯对 Rokr 的看法：Jim Dalrymple, "Steve Jobs Discusses Music Labels, iPods and Intel Macs," PCWorld, September 20, 2005.

哈斯廷斯"连我都高估了变化的速度"：Innosight 2008 CEO event, Boston.

"我陷入了傲慢自大"：Edward Moyer, "Netflix CEO：'I Slid into Arrogance,'" CNET, September 18, 2011. 另见，Lauren Effron, "Netflix CEO Reed Hastings Says Company Has 'Sincere Regret' over Handling of Service Changes," ABC News, September 26, 2011.

安泰从五个方面推进了公司的转型：Mark Bertolini, David Duncan, and

Andrew Waldeck, "Knowing When to Reinvent," Harvard Business Review, December 2015.

本托里尼"展示未来残酷的现实"：Innosight 2015 CEO event, Lexington, MA, August 6, 2015.

卡尔·罗恩的经验：Scott D. Anthony, The Little Black Book of Innovation: How It Works, How to Do It [M]. Boston：Harvard Business Review Press, 2012.

评估不作为的代价：Clayton M. Christensen, Stephen P. Kaufman, and Willy C. Shih, "Innovation Killers：How Financial Tools Destroy Your Capacity to Do New Things," Harvard Business Review, January 2008.

参加研究生管理入学考试（GMAT）的人数：Sherri London, "Fewer People Are Taking the GMAT, Says Study," Business Administration Information, February 10, 2015.

教育行业的风险投资：Frank Catalano, "Can You Count to $2 Billion? Education Technology Investment Hits New Record," GeekWire, January 25, 2015.

哈佛商学院筹款活动：Julia E. Debenedictis, "HBS Campaign Reaches $925 Million of $1 Billion Goal," Harvard Crimson, March 3, 2016.

第五章

马尼拉水务案例：Scott D. Anthony, David S. Duncan, and Pontus M.A. Siren, "Build an Innovation Engine in 90 Days," Harvard Business Review, December 2014.

阿布拉扎与克鲁斯引述：2016 年 8 月 16 日采访 Scott D. Anthony.

风险投资支持的初创企业未能向投资者返还资金的比例：Deborah Gage, "The Venture Capital Secret：3 Out of 4 Start-Ups Fail," Wall Street Journal, September 19, 2012.

安迪·希尔引述：2013 年采访 Innosight, Boca Raton, FL, February.

戴维·伯姆引述：David Bohm, On Dialogue [M]. New York：Routledge, 1996.

F. 斯科特·菲茨杰拉德名言：F. Scott Fitzgerald, "The Crack-Up," Esquire, February 1936.

第六章

武吉班让转驳站火灾：Irene Tham, "SingTel Fined a Record $6m for Bukit Panjang Exchange Fire, OpenNet and CityNet Also Fined," Straits Times, May 6, 2014.

Odeo 公司事例：Biz Stone, "Twitter's Cofounder on Creating Opportunities," Harvard Business Review, June 2015.

瑞辉公司生产出万艾可：Mark Hoffnagle, "The Road to Sildenafil：A History of Artificial Erections," ScienceBlogs, October 15, 2007.

马丁论调酒师：2015 Innosight CEO event, Lexington, MA, August 6, 2015.

伊盛盟对新加坡电信收购规模的观点：2015 年新加坡董事学会上与 Scott Anthony 的访谈, 新加坡, 2015 年 9 月 16 日.

新加坡电信 CEO 蔡淑君对市场考察重要性的观点：2016 年 10 月 21 日与作者会谈.

新加坡电信学习节的规模：Singtel Sustainability Report 2015, Section 7.3：Training and Education.

埃德加·沙因谈企业文化：Edgar H. Schein, Organizational Culture and Leadership, 4th Edition [M]. San Francisco：Jossey-Bass, 2010.

新加坡电信 CEO 蔡淑君对公司发展感到满意：Amit Roy Choudhury, "Tapping High-Performing Markets," Business Times, August 29, 2016.

马克·贝尼奥夫谈德鲁·休斯顿：Victoria Barret, "Marc Benioff, Mister

Disruptor," Forbes, July 20, 2011.

艾伦·穆拉利事例：Rita Gunther McGrath, The End of Competitive Advantage: How to Keep Your Strategy Moving as Fast as Your Business [M]. Boston：Harvard Business Review Press, 2013.

第七章

本托里尼"从我们的股票里滚出去"以及他对创建新业务的观点：Innosight CEO Summit, Lexington, MA, August 6, 2015.

特德·莱维特对《哈佛商业评论》提出开创性观点：Theodore Levitt, "Marketing Myopia," Harvard Business Review, July–August 1960.

克里斯坦森对目标的观点：Clayton M. Christensen, "How Will You Measure Your Life?" Harvard Business Review, July–August 2010. 另见，Clayton M. Christensen and Derek van Bever, "The Capitalist's Dilemma," Harvard Business Review, June 2014.

指出企业表现出精神病患者属性的文章：David Niose, "Why Corporations Are Psychotic," Psychology Today, March 16, 2011.

杰克·韦尔奇"世界上最愚蠢的想法"：Francesco Guerrera, "Welch Condemns Share Price Focus," Financial Times, March 12, 2009.

新加坡监狱管理局的宗旨：Leona Leong, "The Story of Singapore Prison Service：From Custodians of Prisoners to Captains of Life," Singapore Civil Service College, April 2010.

后记

星巴克预付卡：Andrew Meola, "Starbucks' Loyalty Program Now Holds More

Money Than Some Banks," Business Insider, June 13,2016.

支付宝发展过程：Jenny Chung, Annabel Tio, and Scott D. Anthony, "Disruption Ahead：Financial Services in Asia, an Innosight Industry Briefing," Innosight, March 2015.

牛津大学关于工作岗位自动化的报告：Aviva Hope Rutkin, "Report Suggests Nearly Half of U.S. Jobs Are Vulnerable to Computerization," Technology Review, September 12, 2013.

智元微库
OPEN MIND

成 长 也 是 一 种 美 好